SNOOPY

KIDS ACCESSORY 74

엄마가 처음 만든 아이 액세서리

수작걸다

kids accessory

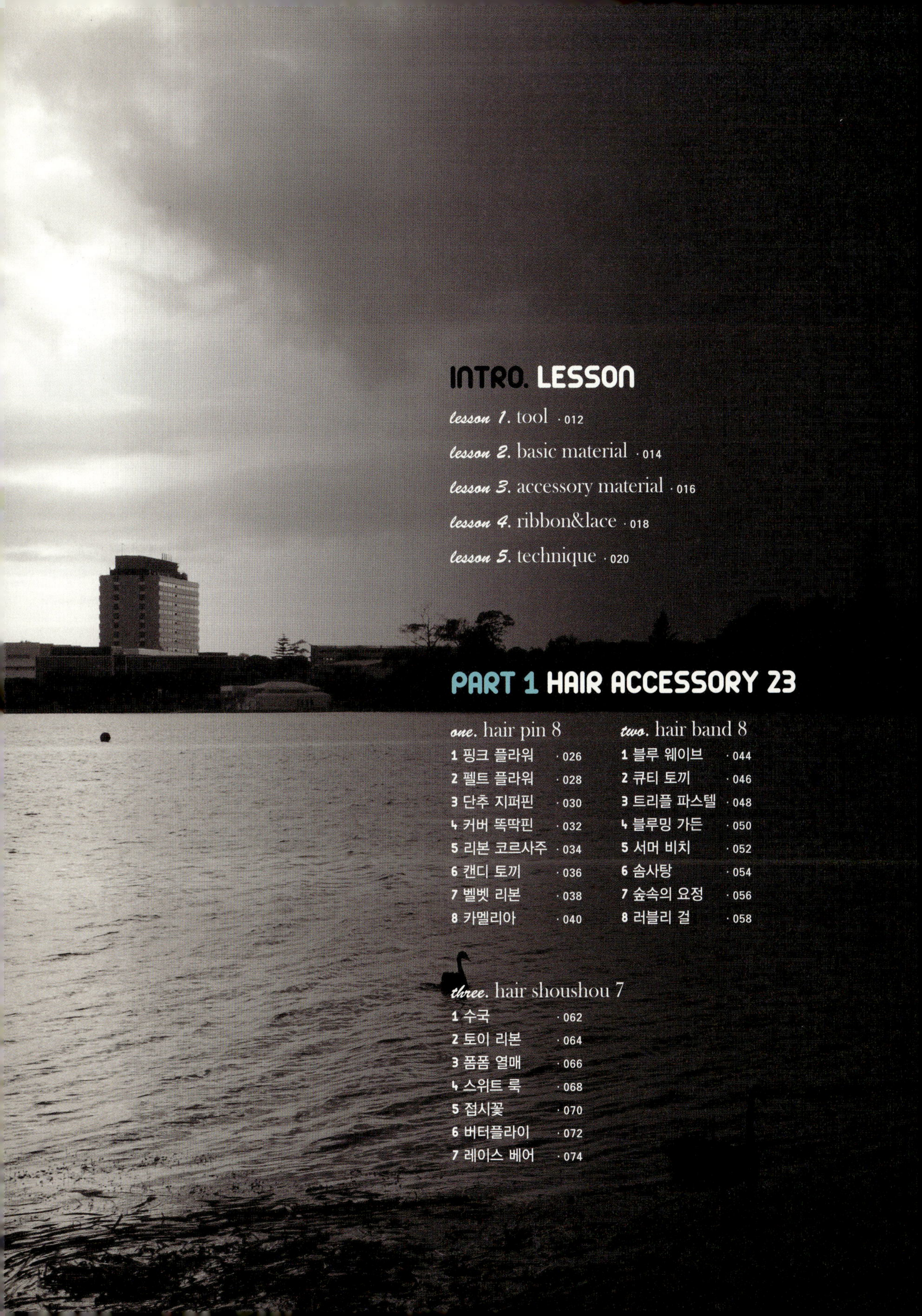

INTRO. LESSON

PART 1 HAIR ACCESSORY 23

PART 2 JEWERLY 21

one. ring&ear ring 8

two. neckless 7

three. bracelet 6

PART 3 FASHION ACCESSORY 12

one. corsage 6

two. point accessory 6

PART 4 SPECIAL ACCESSORY 18

one. specail day 7

two. boy accessory 11

Prologue

my first handmade kids accessory

이 책은 아직 아이가 없는 데다 심지어 결혼도 하지 않은 싱글이 제안하는 키즈 액세서리 가이드북입니다. 웨딩매거진의 기자들이 대부분 미혼인 것처럼 어쩌면 현실보다는 동경에 그칠 때 더 유니크한 아이템이 나올 수 있을 거라는 생각으로 과감하게 작업을 시작했습니다.

성인이 된 후로, 고가의 액세서리도 유행이 지나면 쉽게 버리곤 하지만 어렸을 때 친구와 만들었던 반지, 엄마가 만들어 준 목걸이 등은 애잔함으로 고이 남아 있어요. 아이들의 액세서리는 가격보다 가치로 기억되기 때문이겠지요.

키즈 액세서리를 만들면서 주변 아이들을 유심히 관찰했는데 대부분 비슷비슷한 액세서리를 착용한 경우가 많았습니다. 마음에 드는 것은 값이 비싸서 구입하기에 망설여지기 일쑤였죠. 가격은 저렴하되, 디자인은 시크한 아이템을 직접 만들 수는 없을까요? 엄마의 정성과 감성, 그리고《키즈 액세서리》가 있다면 어렵지 않습니다. 이렇듯 이 책에서는 손재주가 없는 사람들도 쉽게 만들 수 있는 아이템 위주로 제안하고 있습니다. '나도 할 수 있겠다' 싶을 만큼 만만해 보여야 만드는 즐거움을 느낄 수 있거든요.

여기에 소개된 액세서리 만드는 법을 응용해 아이들의 룩을 보다 개성 있게 연출하게 되었다는 독자들이 생긴다면 정말 기쁠것입니다.

마지막으로 책이 출간될 수 있도록 도움을 준 수작걸다의 대표님, 아이들 촬영으로 고생한 포토그래퍼 양우성, 아이디얼한 디자이너 정해진, 하드한 스케줄에 힘들었던 모델 효은, 하나, 그리고 나의 조카 찬영에게 고마움을 전합니다. 또, 바느질부터 촬영 어시스트까지 물심양면으로 도움을 준 가족들에게 감사하다는 말을 건네고 싶습니다.

ILFORD XP2 SUPER
4018

I love handmade, and love kids

같은 재료도 누가 어떻게 만드는지에 따라
전혀 다른 아이템이 완성됩니다.
손으로 만드는 것은 느리고 서툴지만
정성이 가득하지요.
오래 사용하면서 더욱 멋스러워지기도 합니다.
소소한 아이템을 완성하는 즐거움을 느낄 수 있는
핸드메이드 액세서리,
아이를 사랑하는 마음을 담은 엄마의 선물입니다.

LESSON

INTRO

01
02
03
04
05
E6000
CLEAR
UHU allplast
06
07
40 GOLD EYE NEEDLES
40
HIGH CARBON STEEL
ALL NICKEL PLATED
MADE IN JAPAN
08
09
10

LESSON 1

TOOL

01 가위 종이, 끈, 원단 등을 자를 때는 날의 폭이 좁은 가위를 사용한다. 실을 자르거나 작은 면을 정교하게 다듬을 때는 미니 가위를 쓴다.

02 집게와 니퍼 부속을 누르거나 열 때는 평집게를 사용하며, 와이어를 말 거나 T핀, 9핀을 둥글게 구부릴 때는 9자집게를 사용한다. O링을 열거나 닫을 때는 집게 2개를 함께 쓰면 편리하다. 철사나 와이어 등 딱딱한 것을 자를 때는 니퍼를 이용한다.

03 펀치 종이, 원단, 가죽 등에 구멍을 뚫을 때 편리하다. 구멍의 크기를 조절할 수 있는 펀치를 선택하는 것이 좋다.

04 가시단추와 도트단추 기구 손으로 만들기 어려운 가시단추와 도트단추를 달 수 있는 기구. 망치로 기구를 두드려 사용하면 집에서 쉽게 단추를 달 수 있다.

05 망치와 펀칭 몰드 고무망치는 단추를 달 때나 쉽게 망가지기 쉬운 작은 소품을 부착할 때 사용한다. 펀칭 몰드는 펀치나 단추 기구를 사용할 때, 칼질을 할 때 쓰면 편리하다.

06 본드 플라스틱 전용 접착제인 UHU allplast는 빠르게 굳는 것이 장점. 플라스틱 뿐 아니라 가죽, 금속 등에도 사용 가능하다. E6000은 공예용 본드로, 바른 뒤 30분 후 굳기 시작한다. 유리, 금속, 비즈와 같은 소재를 붙일 때 사용한다.

07 기화성 펜 사용 후 10여 분이 지나면 펜 자국이 사라진다. 천에 위치를 표시할 때나 도안을 그릴 때 사용한다.

08 바늘과 시침핀 실의 굵기에 따라 바늘귀의 크기가 다른 바늘을 골라서 선택한다. 귀가 좁은 비즈용 바늘은 시드비즈나 구멍이 좁은 보석을 실 등에 꿸 때 사용한다. 시침핀은 미리 시접 라인 등을 표시하거나 예비 고정을 할 때 꼭 필요한 도구.

09 싸개단추 몰드 집에서 쉽게 싸개단추를 만들 수 있는 몰드. 싸개단추 사이즈에 따라 각기 다른 몰드를 구입해야 한다.

10 글루건 가장 빠르고 편리하게 접착할 수 있는 도구. 글루와 글루건을 이용해 천, 종이, 나무 등의 다양한 소재를 붙일 수 있다.

LESSON 2

BASIC MATERIAL

01 실 컬러와 굵기에 따라 다른 분위기를 낼 수 있다.
단추를 달거나 스티치로 포인트를 줄 때, 기본 박음질을 할 때 등 다양하게 사용된다.

02 와이어 와이어를 이용해 원하는 모양으로 형태를 만들 수 있다.
굵기가 다양하므로, 만드는 모양이나 함께 매치할 부재료에 어울리는 굵기를 선택한다.

03 양면테이프와 고정테이프 양면테이프는 리본을 고정할 때나 플라스틱 등에 부착할 때 편리하다.
한 면은 접착, 한 면은 블랙 패브릭으로 되어 있는 접착테이프는 헤어밴드 끝을 마무리할 때 주로 사용한다.

04 우레탄 줄과 동선 우레탄 줄은 구슬, 원석 등을 꿸 때 사용한다.
동선은 비즈나 구슬 등을 연결하거나 주얼리를 만들 때 유용하다.
쉽게 굽혔다 펼 수 있으며 0.5mm 이하의 얇은 굵기가 특징.

05 철사 딱딱하지 않는 공예용 철사. 리본을 임시로 고정할 때, 재료를 서로 묶거나 연결할 때 사용한다.

06 끈 액세서리를 만들 때 주재료로 사용되는 끈. 패브릭, 스웨이드, 가죽, 군번줄 등 다양한 종류가 있다.
팔찌, 목걸이의 줄로 사용하기 좋다.

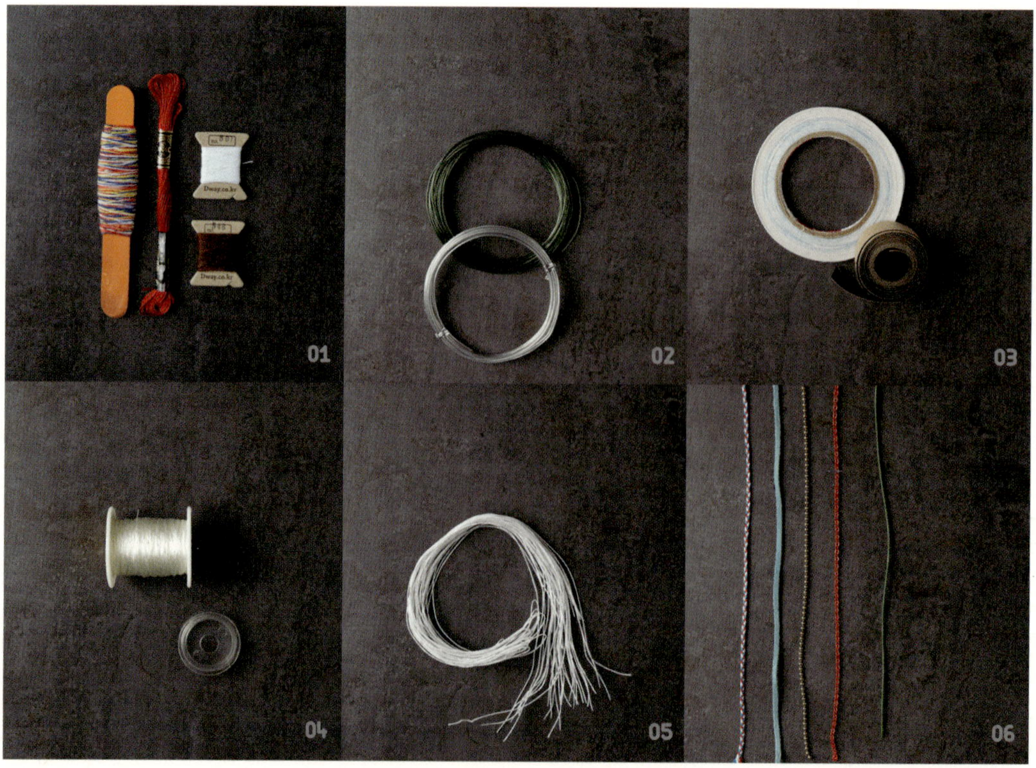

07 지퍼 장식용으로 사용하기 좋은 지퍼.
헤어핀이나 브로치 등을 만들 때 주재료로 사용하면 색다른 느낌을 줄 수 있다.

08 펠트 가장 다양하게 활용할 수 있는 재료 중 하나.
두께에 따라 느낌이 많이 달라지며 부드러운 질감, 구김이 가지 않는 것 등 종류가 다양하다.

09 원단 원단의 종류는 무척 다양한데 이 책에서는 대부분 워싱 린넨을 주로 사용했다.
내추럴한 멋을 낼 때 적당하다.

10 방울솜 볼륨감을 줄 때 사용하는 부드러운 솜.
가볍고 풍성해 아이 액세서리를 만들 때 사용하기 좋다.

11 바이어스 시접을 깔끔하게 처리하는 데 사용할 뿐 아니라
바이어스를 리본처럼 사용해 액세서리를 만들 때도 요긴하게 활용할 수 있다.

12 가시단추, 싸개단추, 도트단추 액세서리에 포인트를 주는 다양한 단추.
가시단추와 도트단추는 색다른 여밈을 할 쓰이며 싸개단추는 여밈 뿐 아니라 장식용으로도 유용하다.

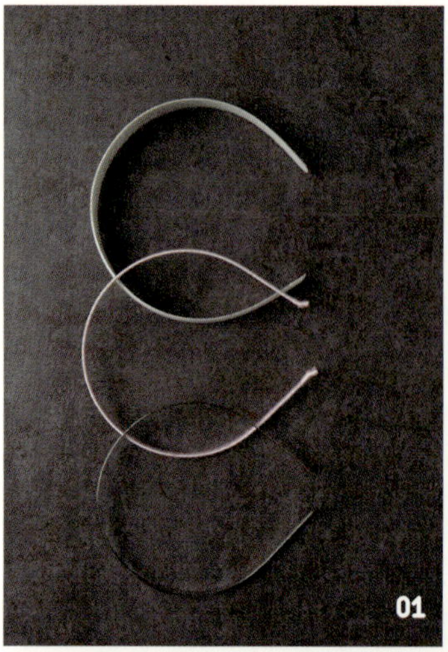
01
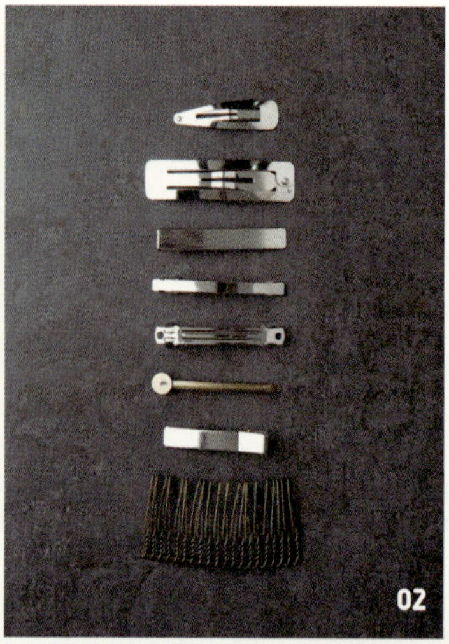
02
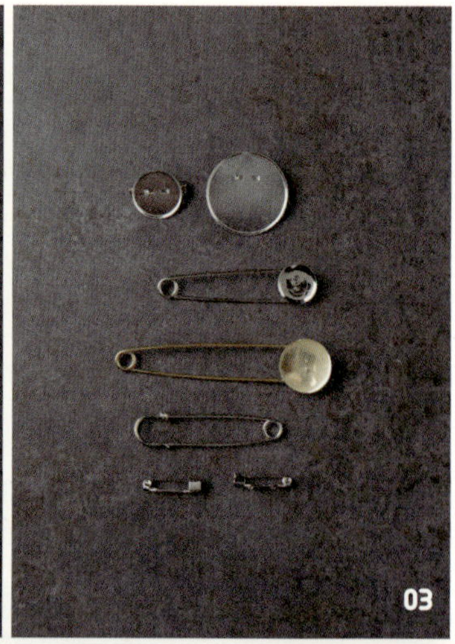
03
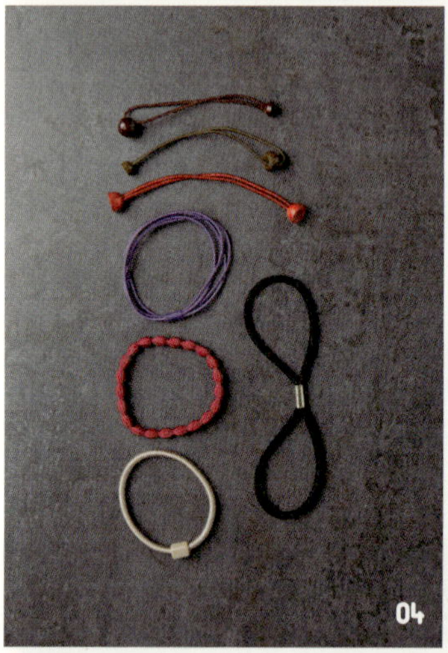
04
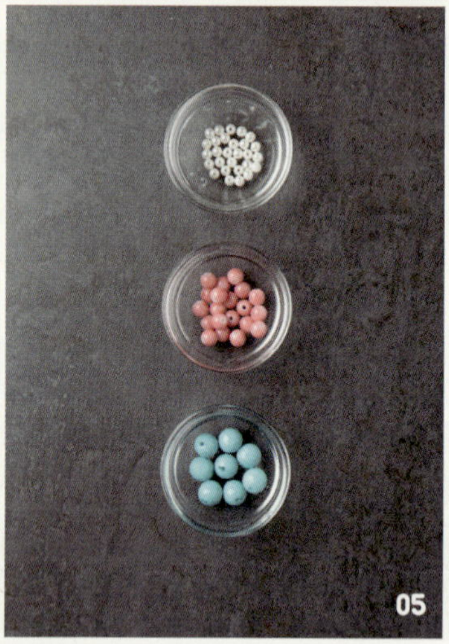
05

06

07

08

09

LESSON 3

ACCESSORY MATERIAL

01 헤어밴드 기본적인 것은 메탈 테와 플라스틱 테로, 0.5mm부터 4㎝까지 굵기가 다양하다. 리본으로 마감한 헤어밴드는 커버링을 따로 하지 않아도 되므로 편리하다.

02 핀 빗핀, 실핀, 집게핀, 자동핀, 똑딱핀 등 핀의 종류는 다양하다. 원하는 길이와 굵기를 골라서 사용하며, 핀 대 위에 리본을 붙이거나 장식을 하면 예쁘다.

03 옷핀과 코르사주핀 대 옷핀과 코르사주핀 대는 브로치를 만들 때 주로 사용한다. 코르사주핀 대는 원형과 일자형 두 가지가 있으며 브로치의 모양에 따라 핀 대의 종류를 선택하면 된다.

04 고무줄 헤어 슈슈를 만들 때 사용하는 고무줄. 링, 8자, 원형 캡 고무줄 등 종류가 다양하다.

05 원석, 구슬 진주, 구슬, 원석 등 종류가 다양하다. 취향에 따라 컬러와 굵기를 선택하면 된다. 고급스러운 느낌을 주고 싶을 때는 원석을 사용한다.

06 단추, 플라스틱 컬러풀한 단추를 부착하면 포인트를 줄 수 있다. 다양한 모양의 플라스틱 장식은 특히 아이들이 좋아하는데 구멍이 뚫린 것을 선택하면 목걸이, 귀고리 등에 자유롭게 사용할 수 있다.

07 9자핀, O링 귀고리, 팔찌, 목걸이를 만들 때 링을 연결하거나 펜던트와 줄을 연결할 때 주로 사용한다.
클래습, 비즈팁 팔찌, 목걸이를 만들 때 필수적인 재료로, 줄과 비즈팁이나 클래습을 연결해서 쉽게 착용할 수 있다.
고리 목걸이, 보타이, 벨트 등을 고리로 연결해 마무리할 때 사용한다.

08 비즈 가운데나 양 모서리에 구멍이 뚫린 것을 선택하면 다양하게 응용할 수 있다. 0.5㎝부터 10㎝까지 크기가 다양하다.

09 귀고리 침과 반지 대 훅 모양의 귀고리 침과 포스트 침은 가장 일반적인 귀고리를 만들 때 사용한다. 아이들의 손가락 사이즈에 맞는 작은 반지 대는 플라스틱, 메탈 등 다양한 종류와 두께가 있다.

LESSON 4

RIBBON & LACE

01 공단 리본 표면에 윤기가 나는 공단 리본으로, 화려한 분위기를 낼 때 주로 사용한다.
면 공단 리본 공단 리본보다 광택이 조금 덜 나며, 고급스러운 느낌을 주고 싶을 때 좋다.
스웨이드 리본 가을, 겨울에 주로 사용하는 소재로, 색다른 분위기를 줄 수 있다.
오건디 리본 가볍고 얇은 소재. 봄, 여름에 화사한 느낌의 액세서리를 만들 때 제격.

02 북골지 리본 골지 리본의 양 사이드에 레이스 장식을 더한 리본. 고급스럽고 여성적이다.
벨벳 리본 특별한 분위기를 내고 싶을 때 적당하다. 가을, 겨울에 자주 사용하는 소재.
패턴 골지 리본 골지 리본에 패턴을 더해 색다른 느낌을 준 리본.
면 자수 리본 자주 장식으로 이색적인 분위기를 더한 리본은 화려한 스타일을 만들기 좋다.
골지 리본 가장 일반적인 리본의 종류. 액세서리 뿐 아니라 포장을 할 때도 자주 사용한다.
면 원단 리본 면 소재의 느낌이 잘 살린 리본으로 내추럴한 스타일의 액세서리를 만들 때 제격.
레이스 리본 레이스를 더해 귀엽고 여성스러운 리본. 장식용으로 사용하면 좋다.

03 모 원단 리본 톡톡한 질감의 원단 리본. 두께가 두꺼워 겨울에 주로 사용한다.
자카드 원단 리본 짜임새가 독특한 자카드 패턴의 리본. 단정하고 고급스러운 느낌을 준다.
니트 리본 니트 소재로 부드럽고 도톰한 소재라 쓰임새가 다양하다. 자유자재로 모양을 만들 수 있어서 편리하다.
데님 리본 캐주얼한 분위기의 액세서리를 만들 때 사용하기 좋으며 남녀 모두에게 잘 어울린다.
원단 리본 원단을 접어서 리본으로 만든 것으로, 폭과 소재, 디자인의 종류가 많다.

04 토슨 레이스 끈으로 사용하거나 장식으로 덧대어 사용해 여성스러운 분위기를 내고 싶을 때 추천.
레이스 모티브 한두 개만 사용해 악센트를 줄 때 유용하다. 하트, 원형, 사각 등 모양과 크기, 컬러가 다양하다.

05 레이스 레이스는 빈티지한 느낌의 액세서리를 만들기 좋은 소재. 종류가 무척 다양한데 머플러나 헤어밴드 등 넓은 면적의 액세서리를 만들 때는 3㎝ 이상의 넓은 레이스를 선택하는 것이 적당하다.

06 재봉 원단 레이스, 원단을 재봉에 사용하기 편하게 만든 것. 다양한 소재의 원단을 주름을 잡아서 만든 주름 원단, 털실을 재봉해 만든 원단은 코르사주를 만들 때 편리하게 사용할 수 있다. 가운데를 박음질해 주름을 양면에 만든 것과 한 면을 박음질한 한 면 주름 원단의 2종류가 있다.

01
02
03
04
05
06

LESSON 5

TECHNIQUE

1 리본 만들기

기본 리본

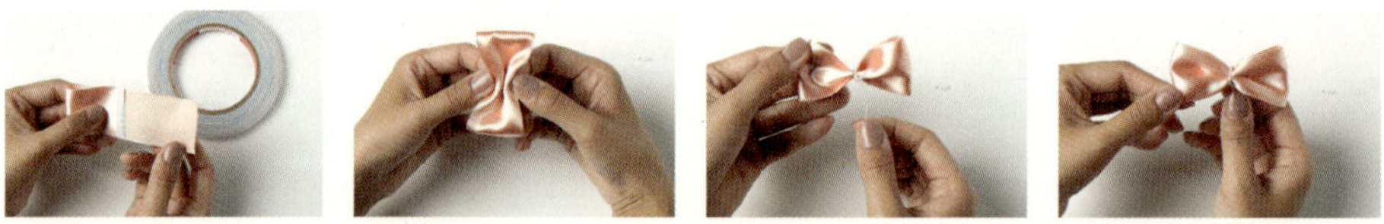

1 리본의 중앙에 양면테이프를 붙인다.

2 리본의 중심 부분을 접어서 주름을 만든다.

3 주름을 만든 부분을 철사로 감아서 고정한다.

4 철사를 자른 뒤 모양을 매만져 리본 모양을 완성한다.

삼각 모양 리본

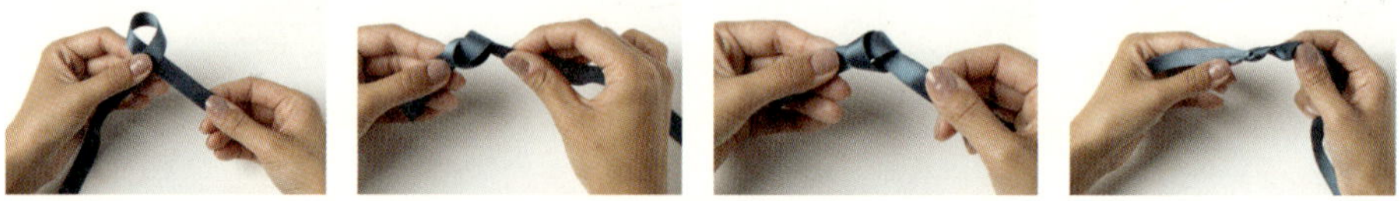

1 리본을 삼각 모양으로 꼬아서 양손으로 잡는다.

2 위로 올라온 왼쪽의 리본을 구멍 속으로 통과시킨다.

3 왼쪽 손에 잡은 리본은 앞으로 당기고 오른쪽 손에 잡은 리본은 뒤로 당긴다.

4 양손으로 리본을 잡아당겨서 중앙에 삼각 모양이 잡히도록 마무리한다.

8자 모양 리본

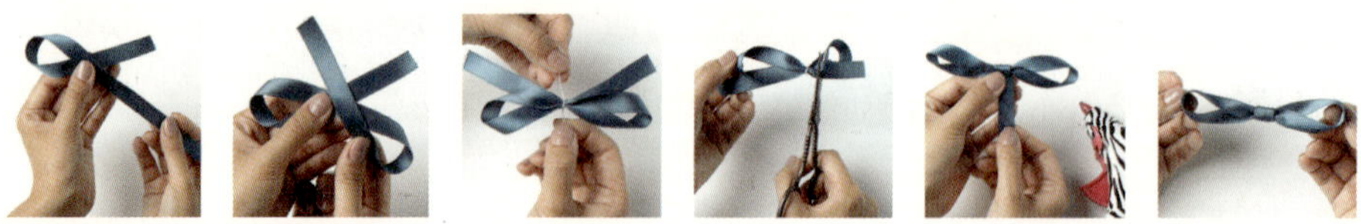

1 리본 한쪽을 삼각형 모양으로 꼬아서 손으로 잡는다.

2 다른 리본 한쪽도 삼각형 모양으로 꼰 뒤 한꺼번에 중심을 잡는다.

3 가운데 부분을 철사로 감아서 고정한 뒤 짧게 자른다.

4 양쪽 리본 끝을 짧게 자른다.

5 철사를 감은 중앙에 리본을 감아서 글루건으로 고정한다.

6 양쪽 고리를 매만져 리본 모양을 완성한다.

나비 리본

1 리본의 한쪽을 둥글게 말아 고리를 만든다.

2 만든 고리를 한손으로 잡고 다른 한쪽도 고리를 둥글게 만든다.

3 긴 리본을 사선으로 위로 넘겨서 함께 중심을 잡는다.

4 다시 한번 더 리본을 사선으로 넘겨서 각 3개의 고리를 만든다.

5 중앙에 주름을 잡아 철사로 고정한 뒤 남은 리본을 자른다.

2 단추 만들기

싸개단추

1 원단 위에 싸개단추 몰드의 도안 판을 대고 펜으로 원형을 그린다.

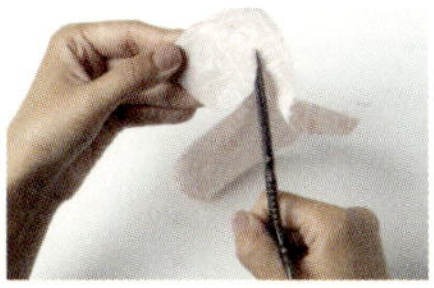

2 가위로 도안을 따라 자른다.

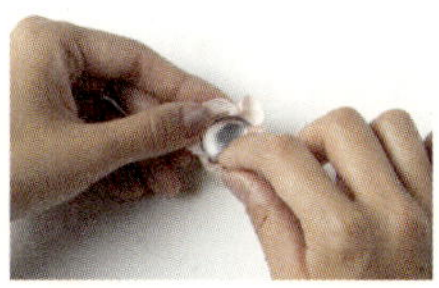

3 싸개단추의 큰 몰드 안쪽 겉면이 안으로 들어가도록 천을 넣고 캡을 끼운다.

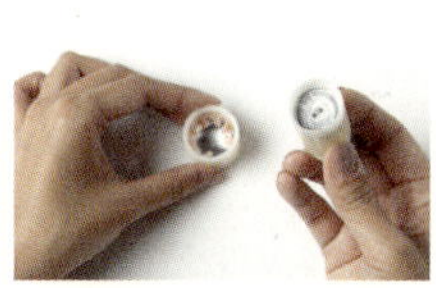

4 타봉을 작은 몰드에 끼운 뒤 작은 몰드에 속 고리를 넣는다.

5 펀칭 몰드 위에 싸개단추 몰드를 올린 뒤 망치로 3~4번 두드린다.

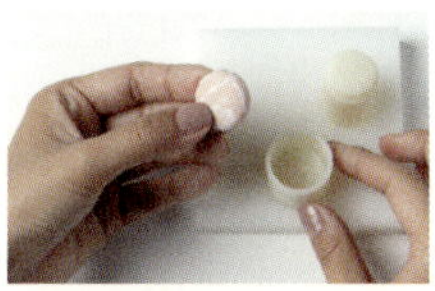

6 작은 몰드를 뺀 뒤 큰 몰드 안에서 단추를 꺼낸다.

도트단추

1 단추를 달 원단에 펀치로 구멍을 낸다.

2 뚫은 구멍에 겉숫놈을 끼운다.

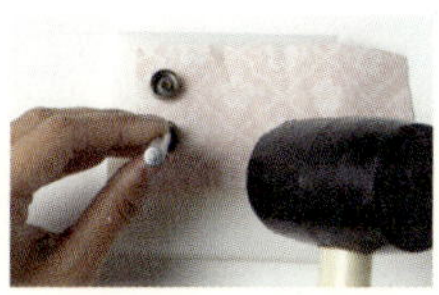

3 겉숫놈을 끼운 구멍 안쪽에 겉암놈을 끼우고 도트 단추 기구를 대고 망치로 두드린다.

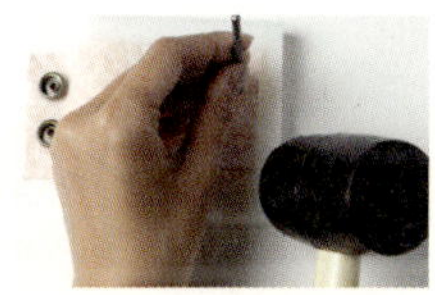

4 단추가 맞물릴 천의 다른 면에 펀치로 구멍을 뚫는다.

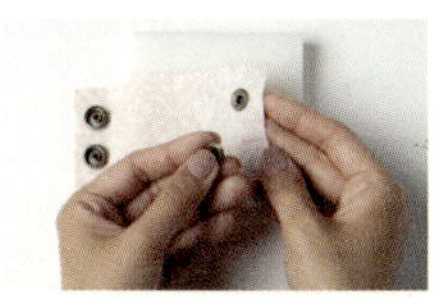

5 구멍 안쪽에 안숫놈을 끼운다.

6 구멍 바깥쪽에 안암놈을 끼운 뒤 누름쇠를 올려 망치로 두드린다.

HAIR ACCESSORY 23

PART 1

one. hair pin 8
two. hair band 8
three. hair shou shou 7

ONE

HAIR PIN

헤어핀은 머리를 단정하게 해주는 것은 물론 헤어스타일에 포인트를 주고 싶을 때 더없이 좋은 아이템이지요. 평범한 헤어스타일도 예쁜 핀 하나면 확 달라질 수 있답니다. 리본, 원단, 펠트… 주변에서 쉽게 구할 수 있는 재료로 헤어핀을 만들어 보세요. 엄마의 감성을 고스란히 담은 특별한 핀 하나로 아이의 스타일을 손쉽게 업그레이드시킬 수 있어요.

1

핑크 플라워

여자아이들이 가장 좋아하는 컬러인 핑크 리본과 장식을 모두 핑크로 통일해 로맨틱한 헤어핀을 만들었어요. 화이트로 악센트를 준 핑크 플라워 헤어핀을 아이 머리에 살포시 꽂아 주세요. 평범한 옷차림도 특별해 보인답니다.

MATERIAL

핑크 면 공단 리본 **폭** 4㎝ **길이** 20㎝
화이트 벨벳 리본 **폭** 1.5㎝ **길이** 12㎝
플라워 모티브 **1개**
핑크 플라워 장식 **1개**
6㎝ 집게핀 **1개**
핑크 실 **약간**
바늘
가위
글루건

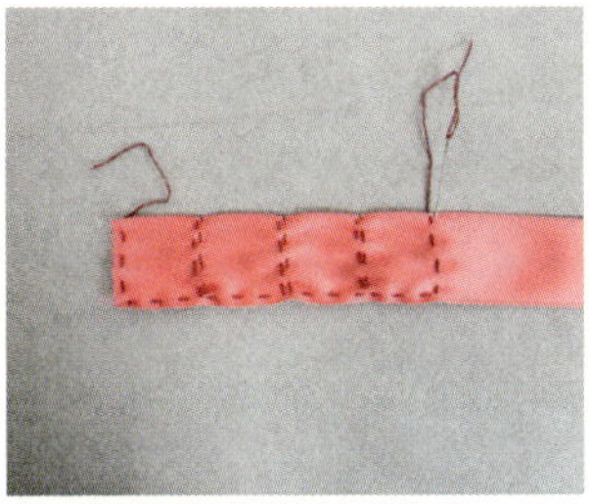

1 리본에 핑크 실로 그림과 같이 약 3.5㎝ 폭으로 ㄷ자 모양으로 홈질한다.

2 5개의 ㄷ자 모양을 만든 뒤 실 끝을 당겨 꽃 모양으로 오므린 다음 매듭짓는다.

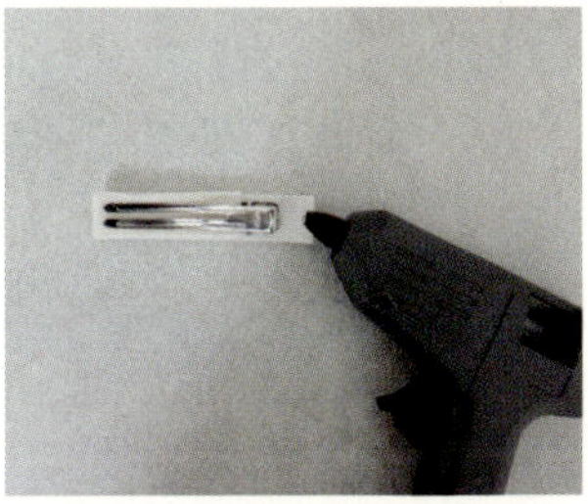

3 집게핀 대에 벨벳 리본을 앞뒤로 감싸고 글루건으로 붙인다.

4 플라워 모티브 위에 꽃 모양 리본을 글루건으로 붙인다.

5 리본의 중심에 플라워 장식을 글루건으로 붙인다.

6 핀대 위에 ⑤의 플라워를 글루건으로 부착한다.

홈질을 할 때 일정한 간격으로 폭을 맞춰야 꽃잎 모양이 들쑥날쑥하지 않다. 꽃잎의 수를 늘리려면 ㄷ자 모양의 홈질 수를 늘려 주면 된다.

펠트 플라워

2

프린지 장식을 헤어핀에 적용해 보았어요.
두꺼운 펠트에 가윗집을 내는 것만으로 간단하게 풍성한 꽃을 만들 수 있답니다.
수술 부분과 꽃잎 부분의 컬러가 서로 돋보일 수 있도록
대비가 되는 색상의 펠트를 선택하는 것이 좋아요.

MATERIAL

0.2cm 네이비 펠트 **폭 3cm 길이 20cm**
0.2cm 레드 펠트 **폭 3cm 길이 10cm**
골드 실핀 대 **1개**
가위
글루건

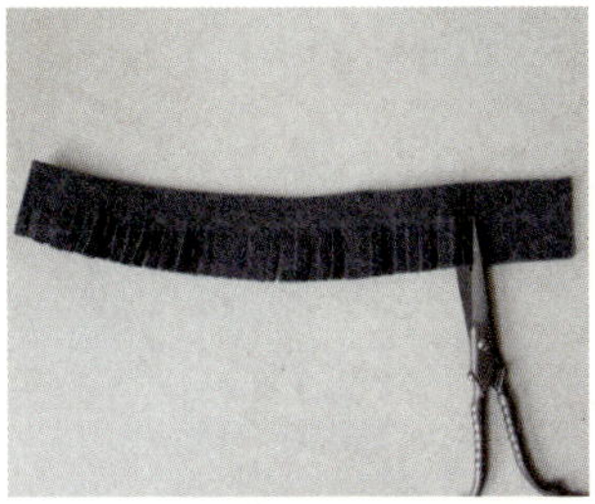

1 네이비 펠트에 2cm 길이, 0.3cm 간격으로 가위집을 넣는다.

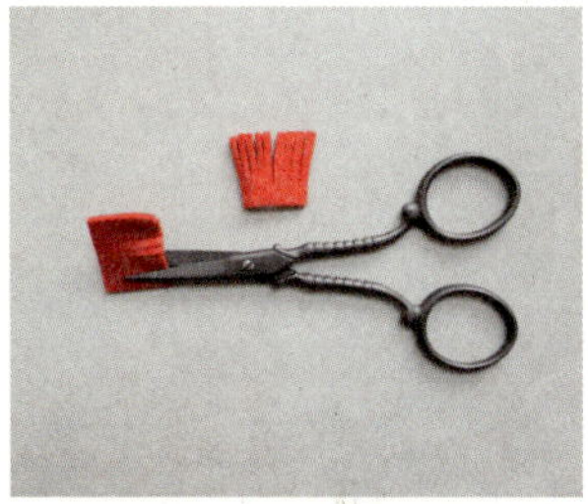

2 레드 펠트를 5cm 길이로 2개 자른 뒤 ①과 같은 방법으로 가윗집을 넣는다.

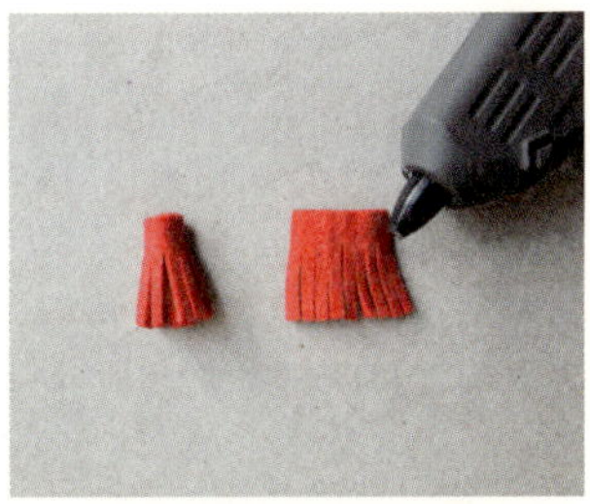

3 레드 펠트를 돌돌 말아서 글루건으로 가윗집을 넣지 않은 하단을 고정한다.

4 ③의 레드 펠트를 중심에 두고 가장자리를 네이비 펠트로 돌돌 만 다음 글루건으로 붙인다.

5 레드 펠트를 지름 2.5cm의 원형으로 자른 다음 ④의 펠트 뒷면에 글루건으로 붙인다.

6 실핀 대와 펠트 플라워를 글루건으로 고정한다.

펠트의 길이를 길게 하면 더욱 풍성해져요. 0.2~0.3cm 두께의 도톰한 펠트를 사용해야 힘이 있어서 꽃 모양을 제대로 잡을 수 있어요.

단추 지퍼핀

3

미니 단추, 지퍼와 같은 기본 바느질 재료를 응용해 보았어요.
알록달록한 지퍼와 단추가 서로 잘 어우러져 흔하지 않은
독특한 스타일의 헤어핀이 완성되었답니다. 파스텔컬러 지퍼는 파스텔 단추와,
원색 지퍼는 원색 단추와 매치하는 것이 좋아요.

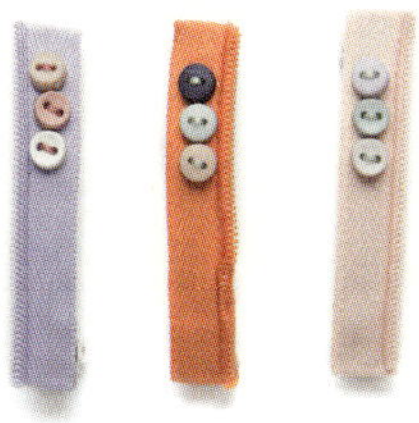

MATERIAL

연핑크 지퍼 **7cm**
파스텔 톤 미니단추 **3개**
6cm 자동핀 대 **1개**
그린 실 **약간**
바늘
가위
글루건

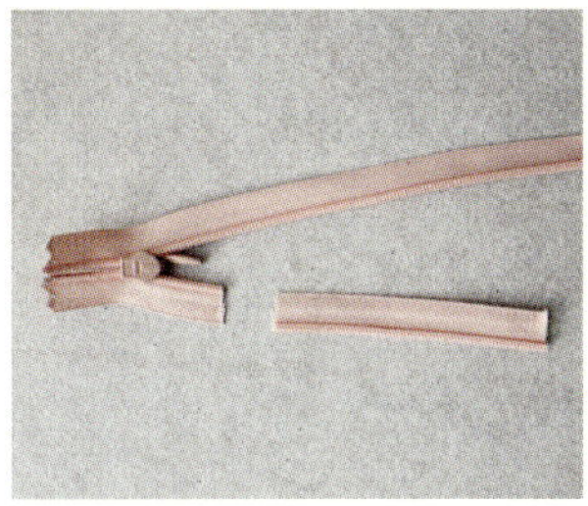

1 지퍼의 한쪽을 7cm 길이로 자른다.

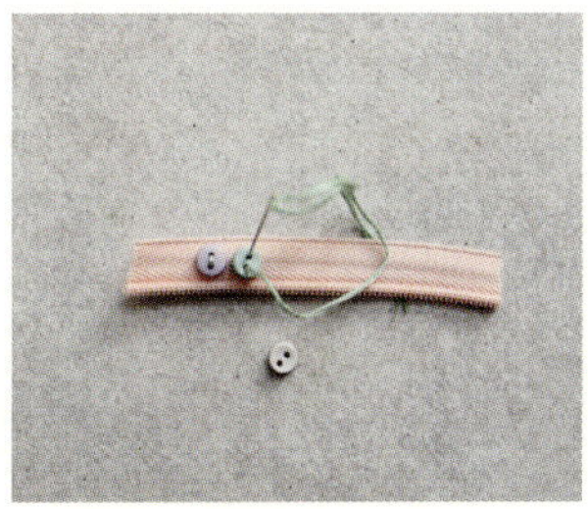

2 그린 실로 지퍼에 톤이 조금씩 다른 파스텔 톤 단추를 단다.

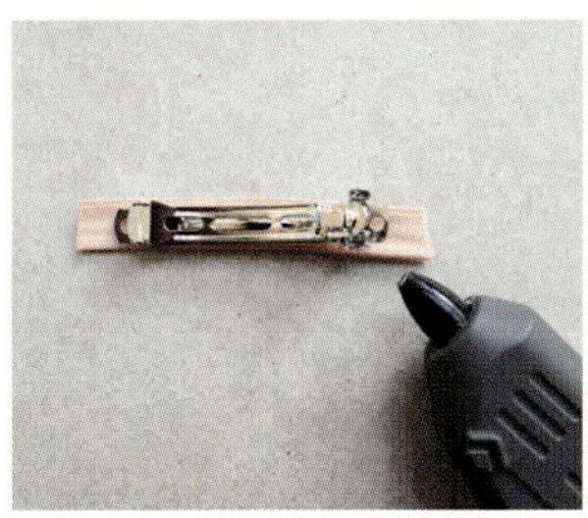

3 핀 대에 글루건으로 지퍼를 붙인다.

미리 단추를 달 위치를 기화성 펜으로 표시를 한 뒤 단추를 달면 비뚤지 않게 조르르 같은 위치에 달 수 있다. 매듭을 작게 지어야 핀 대에 붙였을 때 울퉁불퉁하지 않다.

커버 똑딱핀

4

요즘 똑딱핀에 옷을 입혀 주는 것이 유행이에요.
그중 펠트로 커버링을 한 똑딱핀이 가장 인기가 많답니다.
밋밋하지 않게 커버 위에 플라워 장식을 달아 주면 똑딱핀이라고 상상할 수 없는 사랑스러운 액세서리로 재탄생하게 되지요. 화사한 컬러로 포인트를 주면 더욱 예뻐요.

MATERIAL

0.2㎝ 베이지 펠트 **폭 5㎝ 길이 12㎝**
0.2㎝ 오렌지 펠트 **사방 3㎝**
그린 펠트 **약간**
그린 원석 **1개**
삼각 똑딱핀 **1개**
옐로 실 **약간**
바늘
가위
칼
글루건

펠트 사이에 똑딱핀이 들어가는 형태이므로 핀을 커버할 펠트의 사이즈를 서로 일치하게 잘라야 들쑥날쑥해 보이지 않는다. 바느질한 부분이 돋보이도록 실의 색은 다소 튀는 것을 고른다.

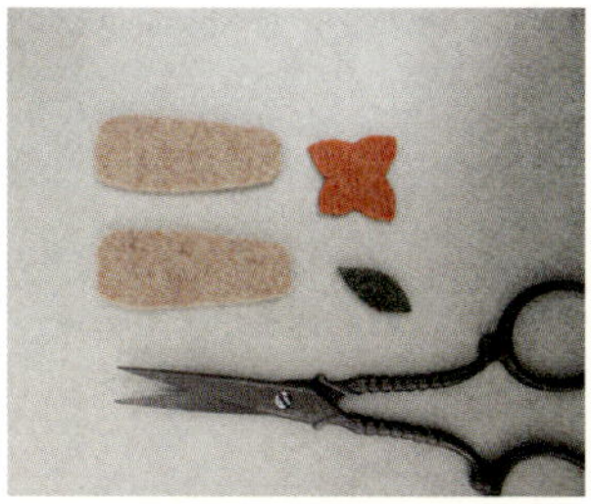

1 똑딱핀의 크기에 맞게 베이지 펠트를 2장 재단한다. 오렌지 펠트는 꽃잎 모양으로, 그린 펠트는 잎사귀 모양으로 자른다.

2 베이지 펠트 1장은 가장자리를 0.2㎝ 간격으로 홈질한다.

3 실로 오렌지 펠트를 베이지 펠트 윗부분에 단다.

4 그린 원석을 수술 부분에 단 다음 그린 펠트를 꽃잎 아래 비스듬하게 댄 뒤 홈질해 고정한다.

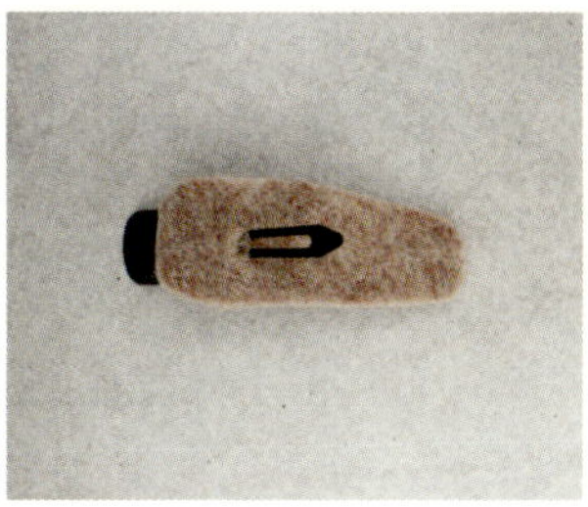

5 베이지 펠트에 똑딱핀이 끼워질 부분을 표시해 칼집을 낸 뒤 펠트에 핀을 끼운다.

6 똑딱핀이 끼워진 부분 윗면에 글루건을 바른 뒤 ④의 펠트를 부착한다.

색색의 리본을 연결해 코르사주를 만든 다음 헤어핀에 달았어요.
발랄하고 화려한 느낌을 주어서 밋밋한 룩에도 확실하게 포인트를 줄 수 있습니다.
코르사주핀 대에 달아서 코르사주로 사용해도 예뻐요.

5

리본 코르사주

MATERIAL

북골지 리본(11가지 컬러) **폭 1㎝ 길이 24㎝**
그레이 커버 똑딱핀 **1개**
핑크 실 **약간**
가위
글루건

1 11가지 컬러의 리본은 8㎝ 길이로 잘라 색이 서로 다른 것끼리 반 접어서 하단 부분을 실로 연결한다.

2 다시 11가지 컬러의 리본을 겹쳐서 실로 연결한다. 다시 10개의 리본을 연결한다.

3 1개 남은 나머지 리본을 안쪽으로 접은 뒤 맨 위에 올린 뒤 리본의 안쪽 면과 나머지 리본이 연결되도록 바느질한다.

4 리본 뒷면과 똑딱핀을 글루건으로 연결한다.

맨 위에 붙이는 리본의 바느질한 면과 안쪽 면을 글루건으로 붙이면 들뜨지 않는다. 리본은 실로 연결한 뒤 둥글게 펴서 모양을 만들어 준다.

캔디 토끼

6

동글동글 캔디처럼 귀여운 헤어핀이에요. 가운데에 골드 토끼 장식을 달아서 깜찍함을 더했어요. 원단의 패턴에 따라 전혀 다른 느낌으로 만들 수 있는데, 모양을 크고, 둥글게 만들수록 더욱 사랑스러워집니다.

MATERIAL

워싱 린넨 **사방 20cm**
화이트 도트 원단 리본 **폭 1cm 길이 7cm**
메탈 토끼 장식 **1개**
7cm 사각 똑딱핀 **1개**
핑크 실·철사 **약간씩**
바늘
e6000
글루건

1 린넨은 지름 20cm의 원형으로 자른 다음 0.5cm 안쪽으로 홈질한다.

2 실을 당겨서 둥글게 만든 뒤 매듭짓는다.

3 ②의 중심에 철사를 감아서 묶고 끝을 자른다.

4 원단 리본을 중심에 둘러서 글루건으로 고정한다.

5 원단 리본의 가운데에 토끼 장식을 e6000으로 붙인다.

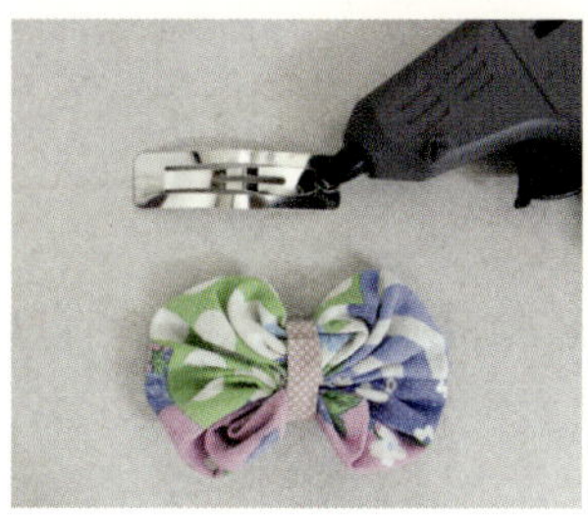

6 ⑤와 똑딱핀을 글루건으로 붙인다.

린넨의 주름진 부분이 뒤쪽으로 가게 하면 앞면이 깔끔한 스타일을 만들 수 있고, 주름 부분을 앞면으로 하면 귀엽고 발랄한 스타일로 완성할 수 있다.

벨벳 리본

7

톤 다운된 블루 벨벳을 사용해 차분하면서 고급스러운 느낌을 줍니다.
기본형 리본 2개를 겹쳐 만든 것으로, 서로 색이 다른 리본을
사용해도 예뻐요. 가운데 아이들이 좋아하는 장식을 달면 인기만점이죠.

MATERIAL

화이트 벨벳 리본 **폭 2.5㎝ 길이 16㎝**
블루 벨벳 리본 **폭 2.5㎝ 길이 20㎝·8㎝ 1줄씩**
6㎝ 자동핀 **1개**
리본 플라스틱 장식 **1개**
양면테이프 **약간**
글루건

1 16㎝와 20㎝ 리본은 중심 부분에 각각 양면테이프를 붙여서 고정시킨다.

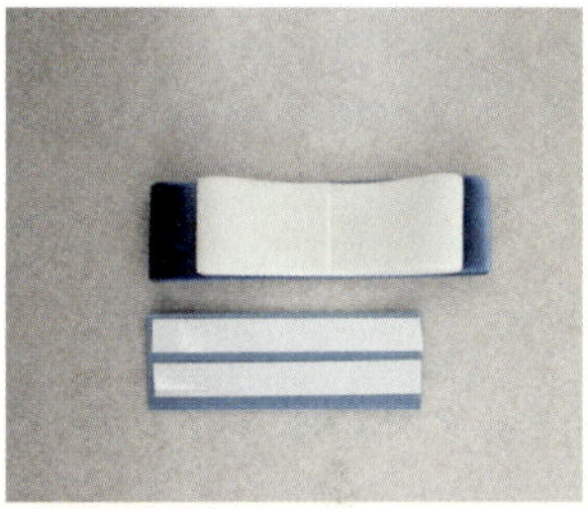

2 블루 리본 위에 화이트 리본을 얹은 뒤 양면테이프를 붙인 8㎝ 리본으로 중앙을 감싸 붙인다.

3 중앙에 붙인 블루 리본 위에 플라스틱 리본 장식을 글루건으로 붙인다.

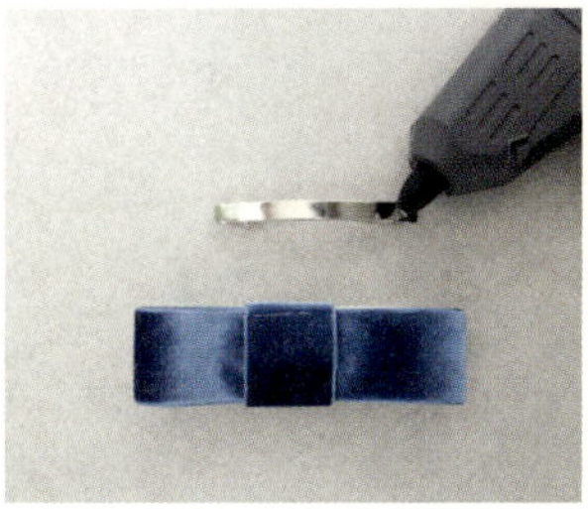

4 리본 뒷면과 자동핀을 글루건으로 붙인다.

자동핀 대 전체에 글루를 충분히 바른 뒤 리본을 부착한다. 글루건은 몇 초만 지나도 굳기 시작하므로 글루가 굳기 전에 재빨리 붙여야 한다.

꽃잎과 수술의 컬러가 도드라지는 둥근 카멜리아를 닮았어요.
색이 다른 원석으로 중앙에 포인트를 주면 아기자기한 느낌을 더할 수 있답니다.
빗핀으로 아이의 머리를 단정하게 꽂아 주세요. 카멜리아를 닮은 숙녀처럼 차분해질 거예요.

8

카멜리아

MATERIAL

핑크 모직 원단 리본 **사방 10㎝**
차콜 모직 원단 리본 **사방 5㎝**
퍼플 모직 원단 리본 **사방 4㎝**
0.5㎝ 원석 **3개**
4.5㎝ 빗핀 **1개**
화이트 실·차콜 실 **약간씩**
바늘
가위
글루건

1 핑크 리본은 지름 8㎝ 원형으로 재단한 뒤 중심 부분을 1.5㎝ 지름의 원형으로 화이트 실로 홈질한다.

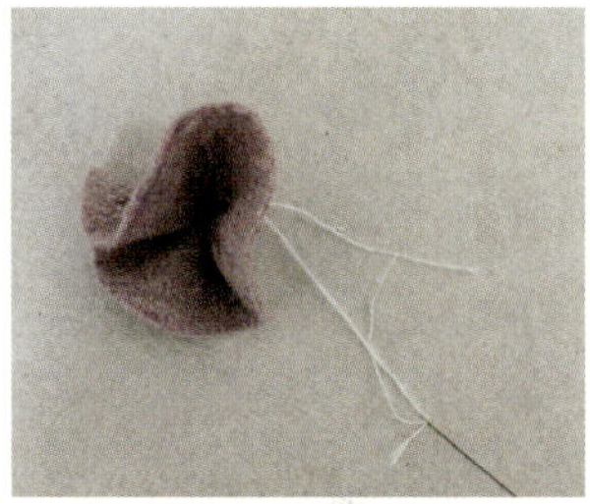

2 실을 당겨서 주름지게 한 뒤 매듭짓는다.

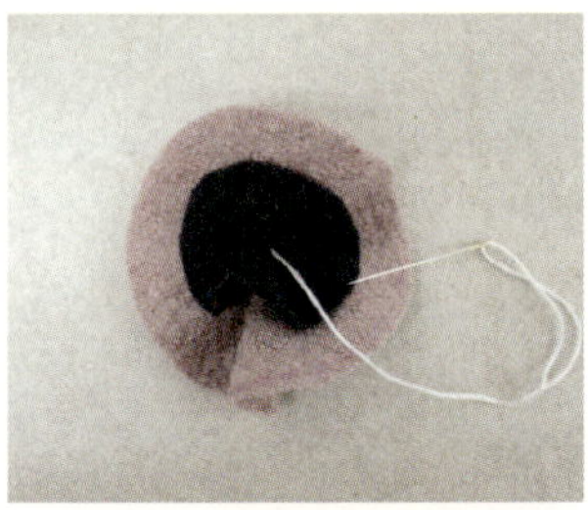

3 차콜 리본은 지름 4㎝ 크기로 재단해 중앙을 홈질한 다음 핑크 리본 위에 올린 뒤 한 땀 바느질한다.

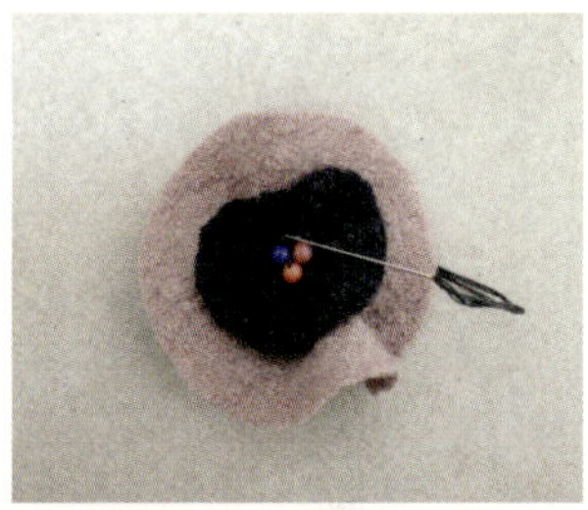

4 차콜 실로 원석을 ③의 리본의 중심에 달아 준다.

5 빗핀의 윗면에 글루를 발라서 퍼플 리본을 붙인다.

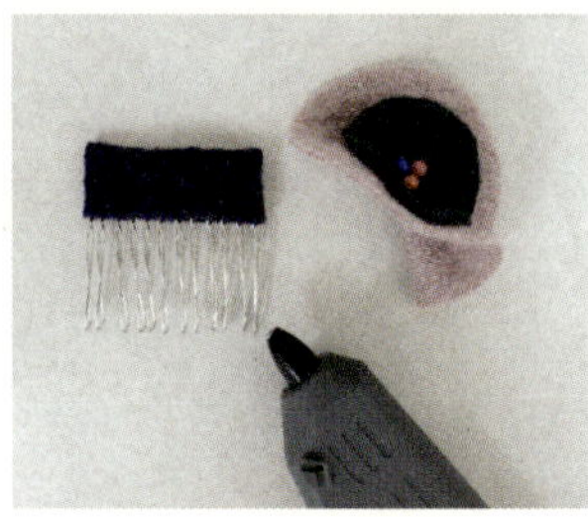

6 퍼플 리본을 붙인 빗핀 위에 리본을 글루건으로 고정한다.

원형 리본에 홈질을 한 뒤 매듭을 지을 때 너무 심하게 당기면 쭈글쭈글해질 수 있으므로 자연스럽게 주름이 지도록 당겨서 매듭지어야 한다.

TWO

HAIR BAND

아이들이 가장 좋아하는 아이템인 헤어밴드. 쉽게 찾아볼 수 없는 핸드메이드 액세서리는 아이를 행복하게 만들어 줍니다. 깔끔하게 빗은 머리에 헤어밴드 하나만 착용해도 아이의 스타일은 확 달라져요. 엄마의 손길이 담긴 로맨틱한 헤어밴드로도 정성과 사랑을 전할 수 있습니다.

블루 웨이브

1

차분하면서도 단정한 느낌을 주는 모직 리본은 빅 사이즈로 만들면 더욱 예뻐요.
도톰한 소재라 쌀쌀한 날에도 잘 어울립니다.
코듀로이, 스웨이드와 같은 따뜻한 소재와 함께 믹스 매치하는 것이 멋스러워요.

MATERIAL

네이비 모직 원단 리본 **폭 2.5㎝ 길이 34㎝**
퍼플 코듀로이 바이어스 **40㎝**
바이올렛 스웨이드 줄 **18㎝**
0.6㎝ 메탈 헤어밴드 **1개**
브라운 실·블랙 접착테이프 **약간씩**
바늘
가위
글루건

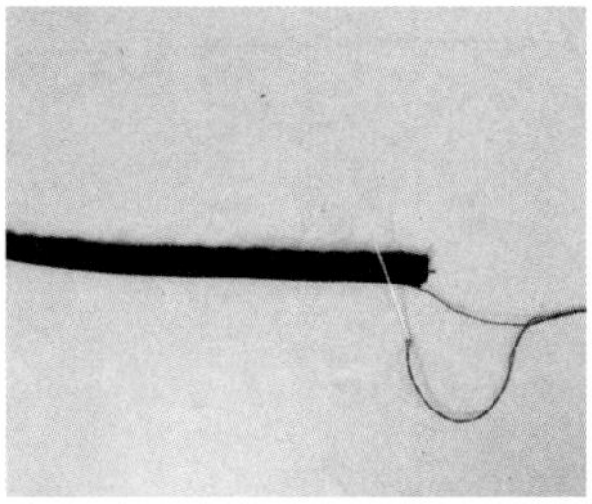

1 바이어스의 트임 부분을 브라운 실로 시침질한다.

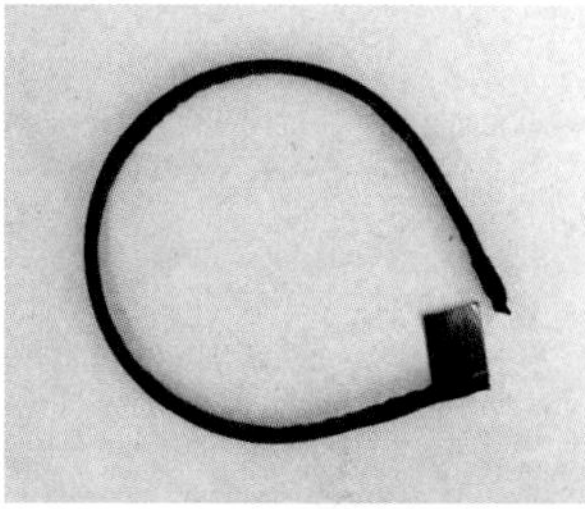

2 바이어스에 헤어밴드를 끼운 뒤 양옆의 뚫린 부분은 블랙 접착테이프로 감는다.

3 네이비 모직 리본은 8자 모양으로 리본을 만든다.(p.20 만드는 법 참고)

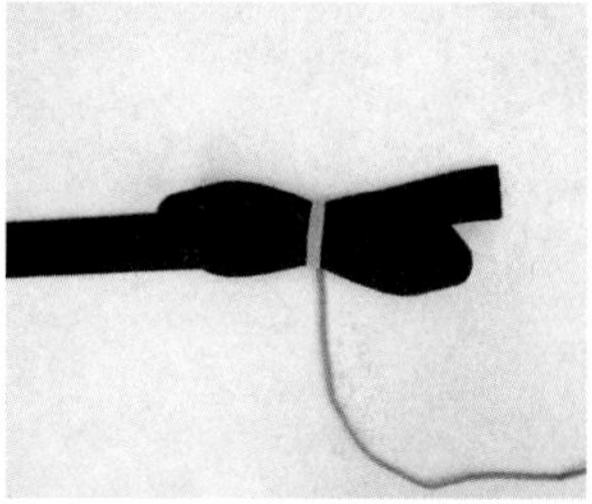

4 중앙을 스웨이드 줄로 2번 감은 뒤 묶고 남은 줄은 가위로 자른다.

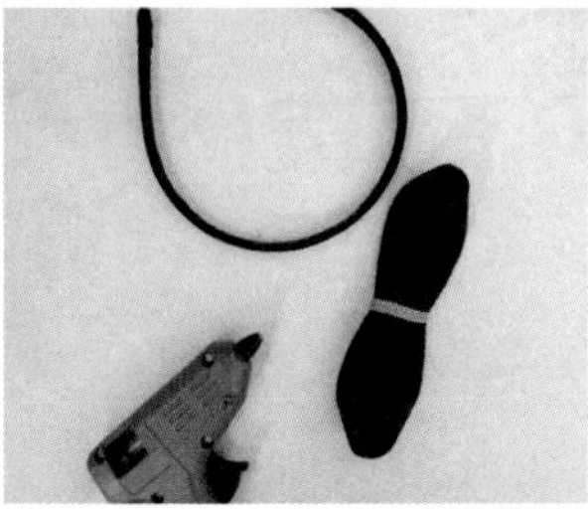

5 헤어밴드의 중앙에 글루건으로 리본을 붙인다.

헤어밴드를 커버링한 코듀로이 천이 두꺼우므로 접착테이프는 3번을 감아서 도톰하게 붙여야 쉽게 풀리지 않는다.

큐티 토끼

2

리본 모양을 자유자재로 변형할 수 있어서 아이들이 특히 좋아합니다.
삼각 모양의 리본 끝에 진주를 달아서 우아한 느낌을 더했어요.
리본과 헤어밴드가 분리되어, 원하는 위치에 직접 묶어서 모양을 만들 수 있어요.

MATERIAL

블루 패턴 원단 리본 **폭 5㎝ 길이 40㎝ 2줄**
와이어 **40㎝**
구멍 진주 **2개**
0.5㎝ 리본 감은 헤어밴드
핑크 실 **약간**
가위
바늘
글루건

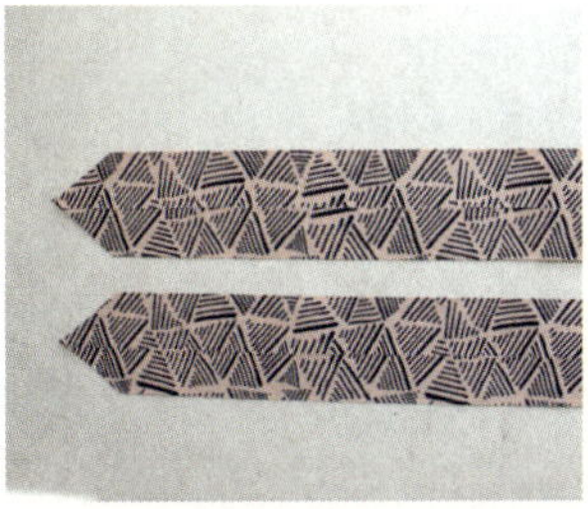

1 리본 2줄의 양끝을 삼각 모양으로 자른다.

2 리본의 중앙에 와이어를 올린 뒤 글루를 가장자리에 발라 가며 다른 리본을 붙인다.

3 리본의 삼각 모양 모서리에 실로 진주를 단다.

4 헤어밴드에 리본을 묶어서 모양을 만든다.

글루건은 금방 굳기 때문에 원단 리본을 가장 빠르게 붙일 수 있다. 가장자리를 시침질해서 이어 주면 더욱 튼튼하게 사용할 수 있다.

3

트리플 파스텔

3가지 컬러의 작은 리본을 조르르 달아 만든 헤어밴드.
파스텔 톤이 어우러져 로맨틱한 느낌을 더해줍니다.
여성스러운 원피스나 드레스와 잘 어울리는 디자인으로,
공주를 동경하는 여자아이들에게 제격이에요.

MATERIAL

면 공단 리본(블루, 다크 블루, 라이트 그린)
폭 1.5㎝ 길이 20㎝씩
핑크 도트 공단 리본
폭 0.5㎝ 길이 30㎝
스카이블루 북골지 리본
폭 1㎝ 길이 30㎝
0.8㎝ 플라스틱 헤어밴드 **1개**
철사·양면테이프·블랙 접착테이프 **약간씩**
가위
글루건

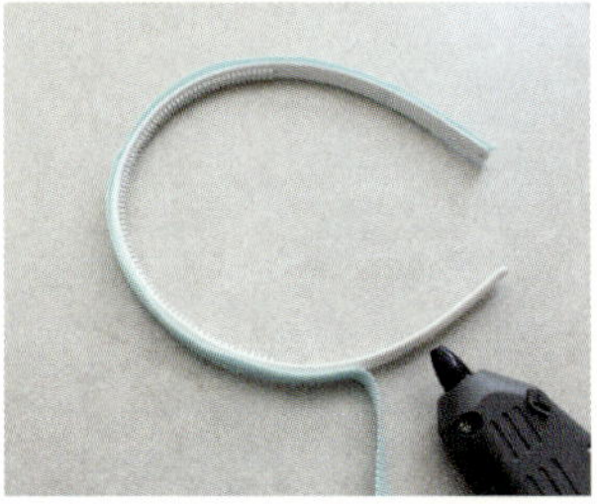

1 헤어밴드에 스카이블루 리본을 글루건으로 붙인다.

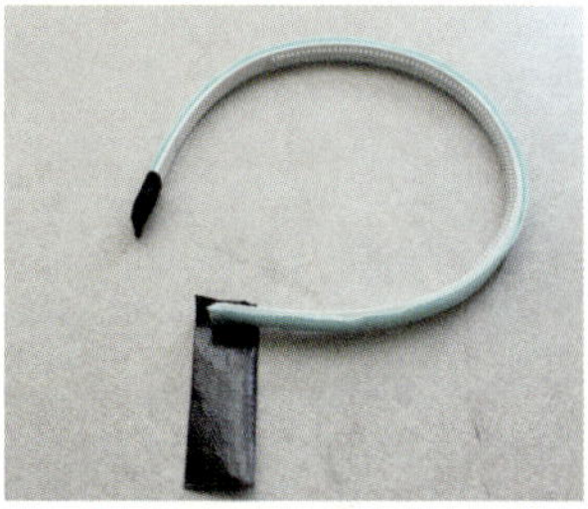

2 접착테이프를 양끝에 2번 감아 준다.

3 면 공단 리본은 5㎝ 길이로 자른 뒤 안으로 접어서 양면테이프로 붙이고 중앙을 주름지게 잡아 철사로 고정한다.

4 ③의 리본을 컬러별로 4개씩 만든 다음 리본 중앙에 핑크 도트 리본으로 감아서 글루건으로 붙인다.

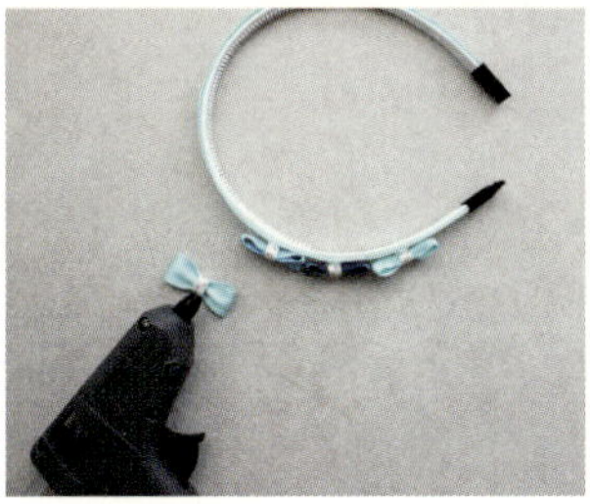

5 연한 색과 진한 색 리본을 번갈아가며 헤어밴드 위에 글루건으로 붙인다.

헤어밴드에 여백이 보이지 않도록 촘촘하게 리본을 붙여야 예쁘다. 헤어밴드의 끝부분이 남지 않도록 밴드의 사이즈를 잰 다음 리본 사이즈를 조절해서 만들어야 12개의 리본을 모두 붙일 수 있다.

4

블루밍 가든

시폰 원단으로 셔링을 가득 잡아서 헤어밴드에 장식했어요.
화사한 패턴의 풍성한 원단이 마치 꽃이 활짝 핀 정원 같아요.
언밸런스하게 한쪽에만 포인트를 주었더니 더욱 이색적인 느낌으로 완성되었어요.
봄부터 여름까지 내내 착용해도 좋아요.

MATERIAL

플라워 패턴 주름 원단 **폭 6㎝ 길이 50㎝**
라이트 그린 공단 리본 **폭 0.7㎝ 길이 30㎝**
0.5㎝ 메탈 헤어밴드 **1개**
양면테이프·블랙 접착테이프 **약간씩**
가위
글루건

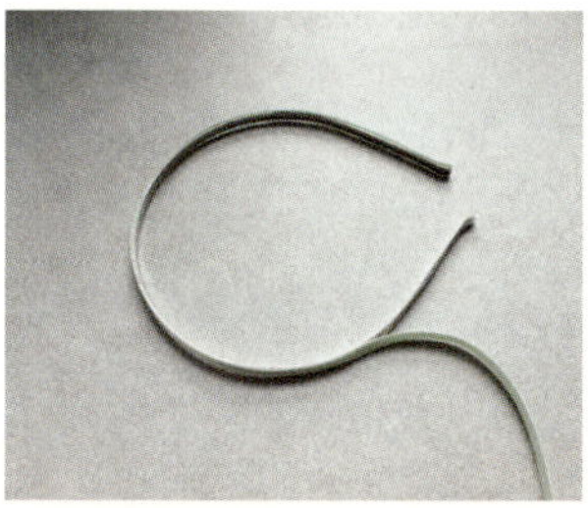

1 헤어밴드 전체에 양면테이프를 두른 뒤 공단 리본을 붙인다.

2 양 끝에 접착테이프를 둘러서 고정한다.

3 주름 원단을 원하는 길이로 자른다.

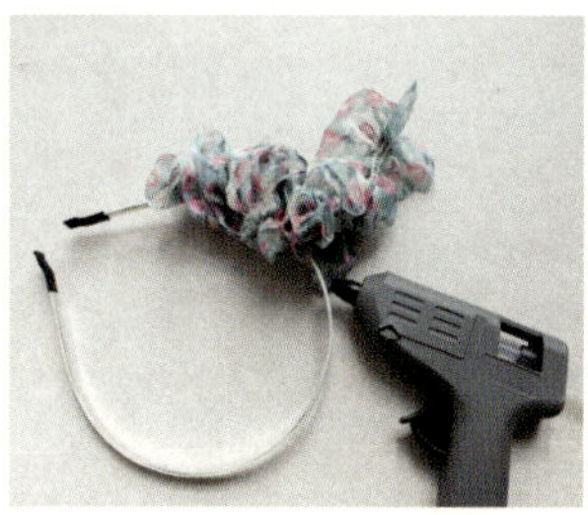

4 헤어밴드의 밑부분부터 원단을 대고 주름을 잡아 가며 글루건으로 고정한다.

원단 리본을 밴드에 부착할 때는 주름을 조금씩 잡아 가며 원단 뒷면부터 붙인다. 다음 윗면의 원단 사이도 글루건을 붙여 준다. 모양을 잡기 힘들다면 먼저 손으로 주름을 잡아서 중앙을 실로 바느질을 한 다음 원단의 뒷면만 글루건을 붙여도 좋다.

5 서머 비치

한 여름의 해변은 화사하고 활기차죠. 이런 느낌을 시들 걱정 없는 조화를 이용해 헤어밴드에 고스란히 담았어요. 서머 비치처럼 생동감 있는 스타일의 헤어밴드는 도심이나 휴양지 어디에서든 예쁘다는 소리를 들을 수 있을 거예요.

MATERIAL

핑크 그물 리본 **폭 6㎝ 길이 40㎝**
핑크 조화 **1개**
그린 잎 **1개**
옐로 펠트 사방 **2㎝**
일자핀 대 **1개**
8자 고무줄 **1개**
블랙 접착테이프·옐로 실 **약간씩**
바늘
가위
니퍼
글루건

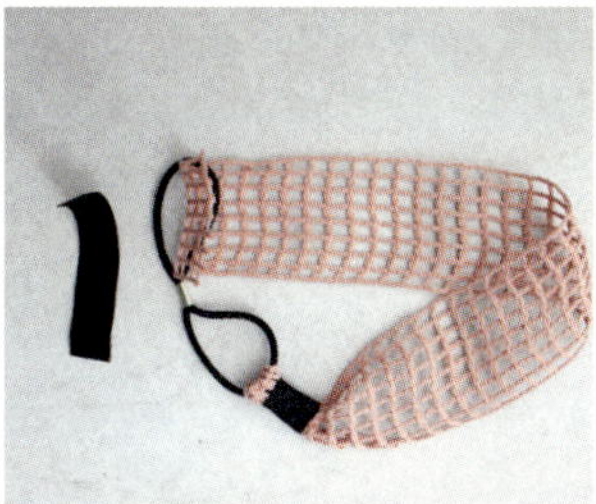

1 그물 리본에 8자 고무줄을 대고 접착 테이프를 감아서 연결한다.

2 인조 꽃과 잎은 니퍼로 대를 잘라서 짧게 만든다.

3 옐로 펠트를 지름 2㎝ 크기의 원형으로 자른 뒤 실로 일자핀 대를 부착한다.

4 펠트 위에 인조 꽃잎과 대를 글루건으로 붙인다. 그물 리본의 원하는 위치에 핀 대를 붙여서 사용한다.

꽃이 달린 자리를 마음대로 조절할 수 있어서 실용적이다. 고무줄과 그물 리본을 연결할 때 접착테이프를 튼튼히 감아주는 것이 포인트.

솜사탕

6

도톰하고 폭신한 핑크 리본이 달콤한 솜사탕과 닮았어요.
방울솜을 가득 채워 볼륨감을 주면 조금 더 색다른 디자인을 완성할 수 있어요.
단추와 레이스 장식으로 멋을 낸 헤어밴드, 친구들이 부러워할 거예요.

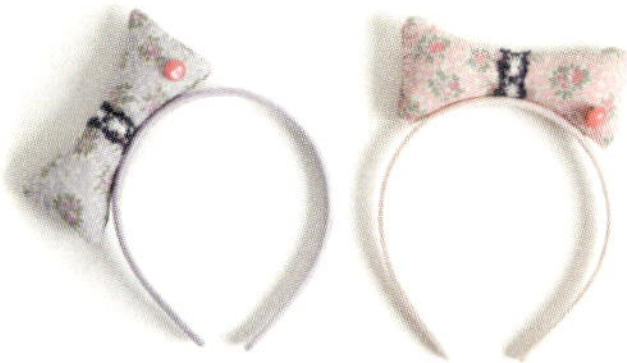

MATERIAL

핑크 플라워 워싱 린넨 **14×8㎝**
네이비 레이스 **10㎝**
핑크 단추 **1개**
핑크 패브릭 헤어밴드 **1개**
핑크 실 **약간**
바늘
가위
글루건
방울솜

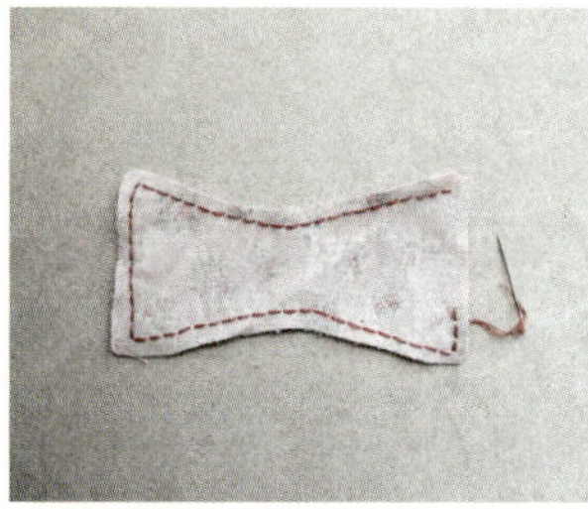

1 린넨을 리본 모양으로 재단한 뒤 가장자리에서 0.5㎝ 안쪽으로 들어와 4㎝를 제외한 모든 면을 박음질한다.

2 뒤집어서 방울 솜을 도톰하게 넣는다.

3 공그르기로 창구멍을 막는다.

4 리본 중앙을 레이스로 감싸고 글루건으로 붙인다.

5 리본의 모서리 하단에 핑크 단추를 단다.

6 헤어밴드의 중심에 리본의 바닥 면을 대고 글루건으로 붙인다.

리본이 도톰하므로 헤어밴드에 붙일때 접착제를 조금만 사용하면 똑바로 서기 힘들 수 있다. 부착할 헤어밴드 테에 글루를 충분히 붙인 뒤 눌러 주어야 리본이 눕지 않는다.

그린 레이스와 리본으로 밴드를 대신한, 조금 색다른 헤어밴드 스타일을 소개합니다.
리본을 아이의 머리 사이즈에 맞게 살짝 묶어 주면 완성이에요.
아이를 요정처럼 귀엽고 사랑스럽게 만들어줍니다.

7

숲속의 요정

MATERIAL

그린 레이스 **폭** 5㎝ **길이** 32㎝
그린 면 원단 **리본 폭** 2㎝ **길이** 100㎝
곰 모양 장식 **2개**
그린 실 **약간**
시침핀
바늘
가위
글루건

1 그린 레이스의 양 끝에 리본을 두르고 박음질한다.

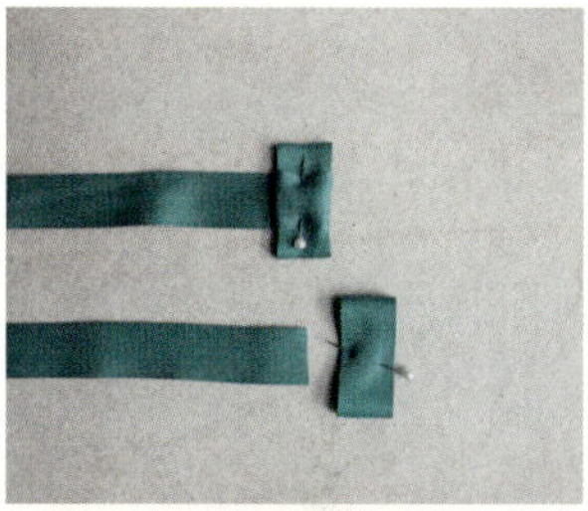

2 그린 리본을 33㎝ 2줄로 자른 뒤 4㎝ 지름으로 접은 리본의 중심을 감싸서 시침핀으로 고정한다.

3 시침핀을 빼고 박음질한 리본 위에 올린 뒤 한땀 고정한다.

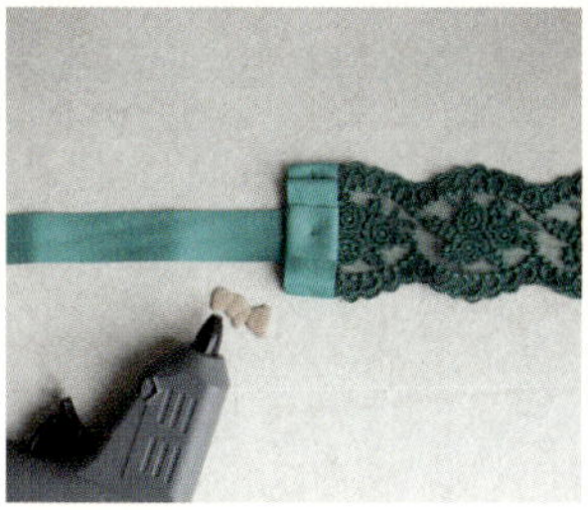

4 고정한 리본의 중앙에 글루건으로 곰 모양 장식을 붙인다.

레이스와 리본을 박음질한 뒷면의 바느질 자국이 거슬릴 때는 사이즈대로 리본을 잘라서 글루건으로 붙이면 깔끔하게 마무리할 수 있다.

러블리 걸

8

플라워 패턴의 리본으로 헤어밴드 전체를 감싸 사랑스러운 무드를 더했어요.
리본과 플라워가 만난 이 로맨틱한 헤어밴드는 특별한 날 아이를
더욱 돋보이게 만들어 줍니다.

MATERIAL

핑크 플라워 원단 리본
폭 5㎝ 길이 70㎝·140㎝ 1줄씩
4㎝ 플라스틱 헤어밴드 **1개**
양면테이프·철사 **약간씩**
가위
글루건

헤어밴드를 리본으로 커버링 하기는 생각보다 까다롭다. 리본이 울지 않도록 팽팽하게 당겨 가면서 붙여야 한다. 리본의 처음과 끝은 글루건으로 고정하면 튼튼하게 마무리할 수 있다.

1 헤어밴드 전체에 양면테이프를 두른다. 140㎝ 리본을 헤어밴드의 밑으로부터 5㎝ 정도 올라온 부분부터 팽팽하게 감는다.

2 리본을 모두 감은 뒤 다시 처음 시작한 부분부터 아래로 내려오면서 어슷하게 감고 밴드 다리 부분은 남은 리본을 감싸서 글루건으로 붙인다.

3 70㎝ 리본을 30㎝ 2줄로 자른 뒤 중앙을 양면테이프로 붙여서 주름을 잡는다. 이후 철사로 고정해 기본형 리본을 2개 만든 다음 모아서 철사로 중앙부분을 묶는다.(p.20 만드는 법 참고)

4 남은 10㎝ 리본의 양 끝을 3번 주름 잡은 뒤, 주름잡은 부분을 글루건으로 붙인다.

5 기본형 리본에 ④의 리본을 중앙에 대고 글루건으로 고정한다.

6 헤어밴드의 상단 중심에 ⑤의 리본을 글루건으로 붙인다.

THREE

HAIR SHOUSHOU

헤어스타일을 발랄하고 깔끔하게 정리해 주는 헤어 슈슈. 때로는 요조숙녀처럼 얌전하게, 때로는 발랄한 개구쟁이처럼, 때로는 성숙한 소녀처럼 머리를 단정하게 묶고 슈슈로 포인트를 주세요. 링 고무줄, 캡 고무줄… 다양한 고무줄을 사용하면 1주일 내내 색다른 스타일의 슈슈를 착용할 수 있어요. 아이에게 잘 어울리는 컬러와 디자인을 골라서 조금 더 특별하게 스타일링해 주세요.

수국

1

꽃다발처럼 탐스러운 슈슈를 소개합니다.
퍼플 톤의 수국과 열매를 믹스해 만든 슈슈가 신비하고 고급스러워 보여요.
아이의 머리에 살짝 묶어 주면 화사한 봄날이 펼쳐집니다.

MATERIAL

수국 조화 **3송이**
열매 **1개**
0.2㎝ 블루 펠트 **사방 4㎝**
블루 엠보싱 슈슈 **1개**
가위
펜치
글루건

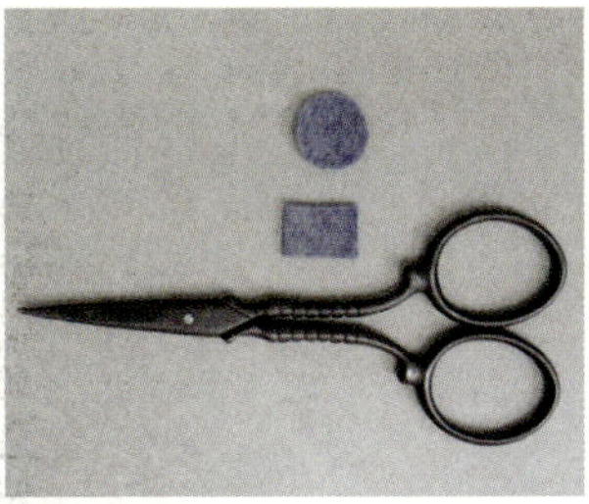

1 펠트를 지름 2㎝ 원형 1개, 1×2㎝ 직사각형 1개로 재단한다.

2 조화는 대를 바짝 잘라 붙이기 좋은 상태로 만든 뒤 원형 펠트 위에 큰 꽃을 먼저 글루건으로 붙인다.

3 큰 꽃과 작은 꽃, 열매를 돌아 가며 붙인 뒤 마지막으로 제일 작은 꽃을 비는 곳이 없도록 열매와 꽃 사이에 붙인다.

4 펠트 뒷면과 슈슈를 글루건으로 붙인 뒤 슈슈와 펠트가 닿는 부분에 직사각형 펠트를 대고 글루건으로 붙인다.

크기와 색이 조금씩 다른 꽃을 선택해야 밋밋하지 않다. 먼저 큰 꽃을 붙이고 꽃끼리 등을 댄 다음 서로 촘촘하게 붙여야 풍성한 느낌을 줄 수 있다.

토이 리본

2

와이어를 이용해 만든 리본을 링 고무줄에 달았어요.
둥글고 큰 리본 모양으로 고정시켜도 좋고, 8자형으로 꼬거나 토끼처럼 쫑긋한 원형으로 구부려도 됩니다. 마치 재미있는 장난감을 만난 것처럼 아이들이 더 좋아해요.

MATERIAL

패턴 바이어스 **폭 1㎝ 길이 60㎝**
와이어 **60㎝**
베이지 링 고무줄 **1개**
가위
글루건

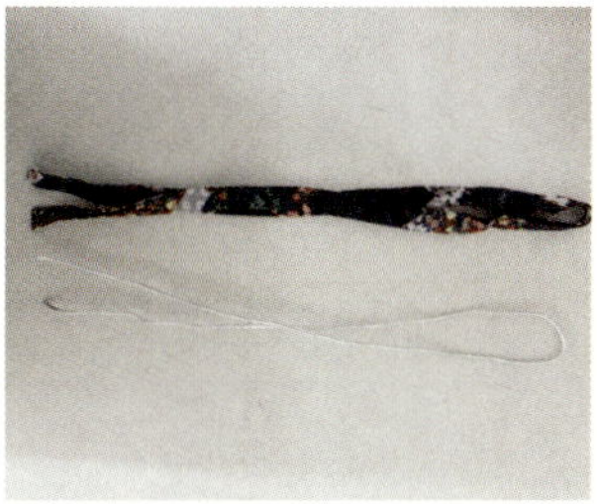

1 바이어스와 와이어는 같은 길이로 자른다.

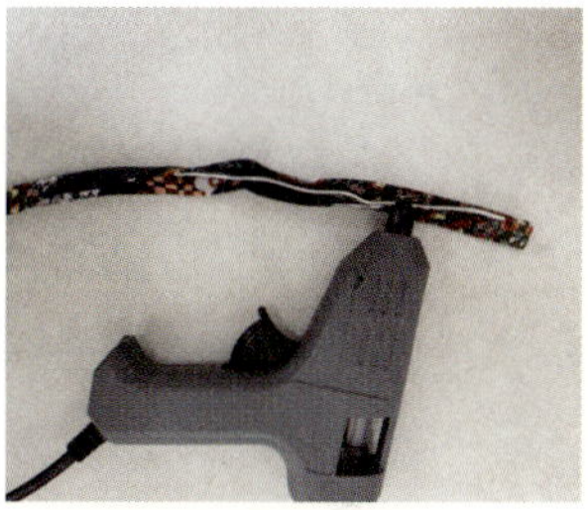

2 바이어스 사이에 와이어를 끼우고 글루건으로 붙인다.

3 바이어스 양 끝을 어슷하게 자른 다음 글루건으로 막는다.

4 바이어스를 리본 모양으로 구부린 다음 중심 부분과 링 고무줄을 글루건으로 연결한다. 남은 바이어스를 고무줄에 감싸 준다.

완전한 리본 형태를 만든 뒤 고무줄에 붙이면 나중에 모양 변형이 힘들다. 자유롭게 변형이 가능하도록 바이어스 중앙에만 글루를 발라 부착하는 것이 좋다.

폼폼 열매

3

폭신한 폼폼을 고무줄에 연결했더니 깜찍한 열매 모양의 슈슈가 탄생했어요.
리본과 레이스 장식이 앙증맞은 이 열매는 아이들에게 너무 잘 어울리는 아이템입니다.
청바지와 티셔츠 차림에 잘 어울리는 캐주얼한 스타일로, 매일 착용해도
질리지 않을 것 같아요.

MATERIAL

핑크·퍼플 폼폼 **1개씩**
아이보리·바이올렛 리본 장식 **1개씩**
베이지 캡 고무줄 **2개**
핑크 레이스 리본 **폭 0.8㎝ 길이 20㎝**
핑크 실 **약간**
바늘
가위
글루건

폼폼에 레이스를 두르면 쉽게 벗겨지기 쉬우므로 바느질로 부착한다. 레이스를 연결한 뒤 폼폼 중간을 한 번 통과해 매듭을 지으면 쉽게 분리되지 않는다.

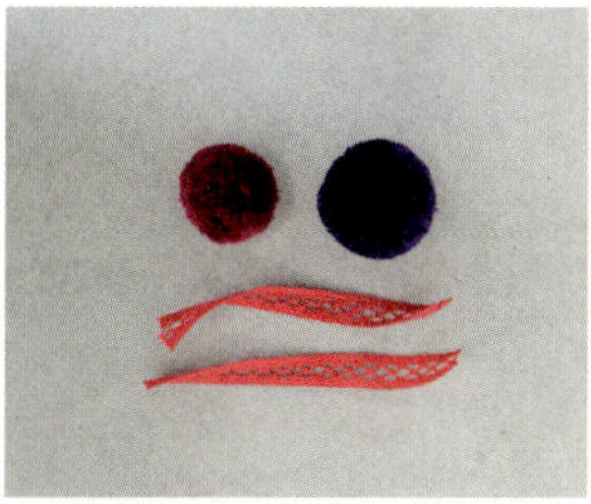

1 폼폼 2개와 10㎝ 레이스 리본 2줄을 준비한다.

2 폼폼에 레이스를 두른 뒤 핑크 실로 레이스와 폼폼을 바느질한다.

3 캡 고무줄에 폼폼을 글루건으로 단다.

4 퍼플 폼폼에는 바이올렛, 핑크 폼폼에는 아이보리 리본 장식을 글루건으로 붙인다.

스위트 룩

스위트한 파스텔컬러 리본과 망사를 믹스 매치해 만든 헤어 슈슈.
달콤한 컬러들의 조합이 엄마의 사랑만큼이나 기분 좋아요.
진주를 달아서 은은한 멋을 더하면 더욱 고급스러워집니다.

MATERIAL

스카이 블루·핑크 면 공단 리본
폭 4㎝ 길이 15㎝ 2줄씩
그레이 면 공단 리본
폭 4㎝ 길이 10㎝
피치 망사 리본
폭 15㎝ 길이 10㎝ 2장
반원 진주 **8개**
카키 캡 고무줄 **1개**
철사·핑크 실·양면테이프 **약간씩**
바늘
가위
글루건

망사 리본은 아이의 머리 길이에 따라 조절하는 것이 예쁘다. 머리가 짧으면 망사의 길이를 짧게 조절하는 것이 좋다. 망사가 자연스럽게 펼쳐지도록 주름을 잘 잡는 것이 포인트.

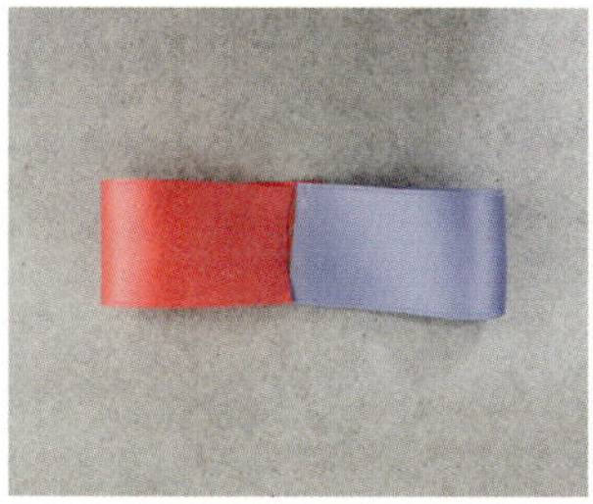

1 스카이블루와 핑크 리본은 반 접은 뒤 양면테이프로 붙여서 1줄로 연결한다.

2 중앙에 주름을 잡은 뒤 철사로 고정해 기본형 리본을 만든다.(p.20 만드는 법 참고)

3 그레이 리본으로 삼각형 리본을 만들어 기본형 리본 위에 대고 글루건으로 붙인다.(p.20 만드는 법 참고)

4 망사 리본은 2장을 어슷하게 겹친 뒤 상단에 주름을 잡은 다음 실로 한땀 꿰맨다.

5 반원 진주를 망사 리본 사이사이에 글루건으로 붙인다.

6 리본에 망사를 붙인 뒤 캡 고무줄에 글루건으로 고정한다.

꽃잎이 넓적하고 둥글게 퍼진 접시꽃을 닮았어요.
감성적인 레이스와 꽃 모양 원석 장식이 빈티지한 느낌을 주는 슈슈.
원색 링 고무줄과 리본으로 생동감을 주었어요.

5

접시꽃

MATERIAL

옐로·그린 주름 원단 리본
폭 2.5㎝ 길이 40㎝씩
그린 펠트 **3.5㎝ 원형**·**1.5×2㎝ 2개씩**
꽃다발 모티브 **2개**
꽃 모양 원석 **4개**
링 고무줄 **2개**
그린 실 **약간**
e6000
글루건

1 원형 그린 펠트 위에 주름 리본을 올리고 원형이 되도록 곡선을 따라 글루건으로 붙인다.

2 리본 위에 꽃다발 모티브를 실로 한 땀 꿰맨다.

3 e6000을 이용해 원석을 리본 1개당 2개씩 붙인다.

4 원형 펠트 뒷면에 링 고무줄을 올리고 글루를 바른 뒤 1.5×2.5㎝ 펠트를 붙인다.

리본을 펠트에 붙일 때는 둥근 원형이 되도록 2번째 줄부터는 조금씩 안쪽으로 들어와 리본을 붙여 주어야 꽃잎이 겹쳐지는 것처럼 자연스러운 층이 진다.

자수 리본은 고급스러우면서 앤티크한 느낌을 주는 소재예요.
이런 소재의 리본은 디자인이 화려하지 않아도 특별해 보입니다.
봄부터 가을까지, 평범한 아이의 옷차림에 포인트를 주고 싶을 때 묶어 주세요.
어슷하게 엇갈린 자수 리본이 마치 화려한 나비 날개 같아요.

6

버터플라이

MATERIAL

블루 자수 원단 리본 **43㎝**
레드 토손 레이스 **10㎝**
블랙 링 고무줄 **1개**
가방 모양 메탈 장식 **1개**
철사·양면테이프 **약간씩**
가위
글루건

1 블루 리본은 20㎝ 길이로 2줄 자른 뒤 양면테이프로 붙여서 루프를 만든다.

2 기본형 리본 2개를 서로 엇갈리게 쥐고 주름을 잡은 뒤 철사로 고정한다.

리본을 엇갈리게 묶을 때 리본 사이의 간격이 넓을수록 생동감을 주며 각이 좁아질수록 차분하고 세련된 느낌을 준다. 취향에 따라 각도를 조절하는 것이 좋다. 리본 3개를 겹쳐서 만들어도 된다.

3 레드 토손을 중앙에 2번 두른 뒤 가방 장식을 끼우고 리본 뒷면에 글루건으로 붙인다.

4 리본과 고무줄을 글루건으로 붙이고 남은 3㎝ 블루 리본을 고무줄 위에 부착한다.

오글오글한 레이스가 잔뜩 장식된 망사 고무줄 리본.
이 독특한 소재는 무얼 만들어도 예쁘지만 머리를 살짝 묶어 주면 더욱 예뻐서
귀여운 꼬마 숙녀로 변신 완료! 귀여운 곰과 레이스가 잘 어우러져서 발랄한 스타일로
멋을 부리고 싶을 때 필수 아이템이에요.

7

레이스 베어

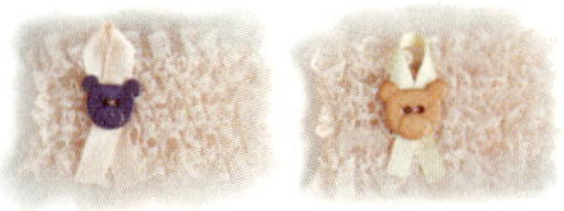

MATERIAL

피치 망사 고무줄 리본 **폭 6cm 길이 16cm**
피치 공단 리본 **폭 1cm 길이 10cm**
퍼플 곰 모양 단추 **1개**
핑크 실 **약간**
바늘
가위

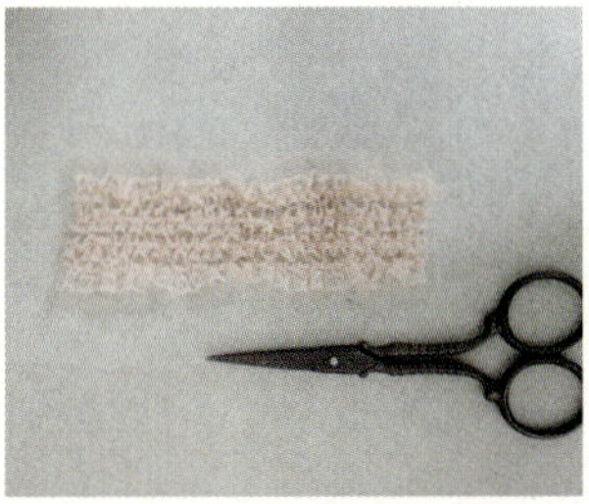

1 고무줄 리본을 16cm 길이로 1줄 자른다.

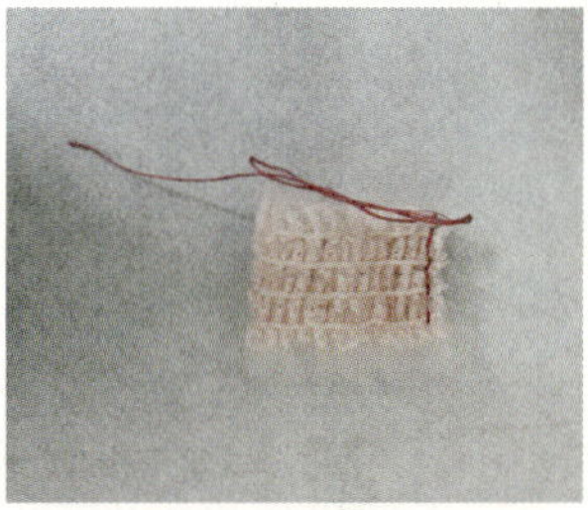

2 리본의 안쪽 면을 서로 마주대고 실로 박음질한 뒤 뒤집는다.

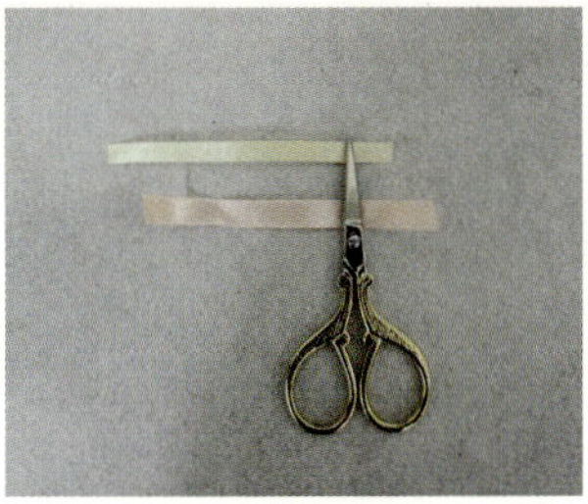

3 공단 리본을 10cm 길이로 자른 뒤 리본 위에 셔츠 모양으로 올린다.

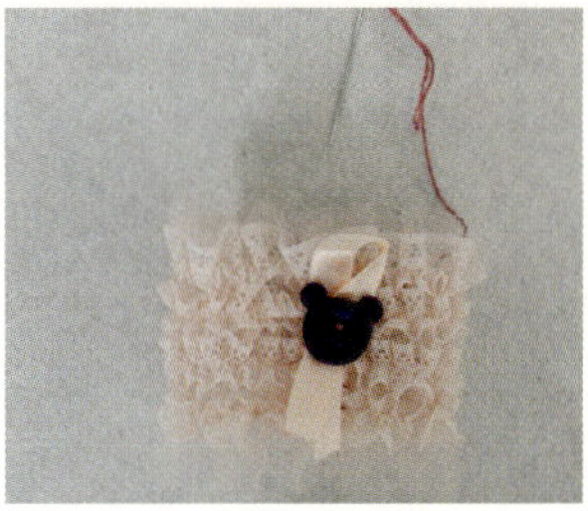

4 공단 리본 위에 곰 모양 단추를 올리고 공단 리본과 고무줄 리본까지 함께 연결되도록 단추를 단다.

고무줄 리본의 중앙에 포인트를 줄 셔츠 리본의 컬러를 옐로로 바꿔서 같은 방법으로 하나 더 만든다. 곰 모양 단추도 베이지 컬러를 달면 색이 잘 어우러진다. 슈슈를 2개 만들어 양갈래 머리를 묶을 때 사용해도 좋다.

JEWERLY 21

PART 2

signature
0800 186 086

ONE

RING & EAR RING

귀여운 리본, 동물, 캐릭터로 장식한 반지와 귀고리는 아이들이 아끼는 보물이 됩니다. 집에 있는 고무줄, 펠트, 플라스틱 장식으로 엄마가 직접 아이들이 좋아하는 스타일로 만들어 주세요. 깜찍한 반지와 귀고리는 아이를 더욱 사랑스러워 보이게 해요.

1

핑크 리본

여자아이들이 제일 좋아하는 리본,
그리고 핑크 컬러로 사랑스러운 반지를 만들었어요.
골드 메탈 장식 리본으로 한 번 더 포인트를 주면 밋밋하지 않아요.

MATERIAL

스트라이프 핑크 리본 **폭 1㎝ 길이 7㎝**
면 공단 라이트 핑크 리본 **폭 0.3㎝ 길이 5㎝**
골드 메탈 리본 장식 **1개**
핫핑크 반지 대 **1개**
철사·양면테이프 **약간씩**
e6000
글루건
가위

1 스트라이프 리본을 가운데로 접어서 양면테이프로 고정한 뒤 중앙에 주름을 잡아서 철사로 묶는다.

2 라이트 핑크 리본을 철사 위에 감싼 뒤 글루건으로 고정한다.

3 골드 리본을 e6000을 사용해 라이트 핑크 리본을 두른 가운데 붙인다.

4 반지 대와 ③의 리본을 글루건으로 고정한다.

글루건과 e6000, 2가지 종류의 접착제를 사용했다. 리본, 반지와 같은 패브릭이나 플라스틱은 글루건으로 쉽게 붙일 수 있지만 금속 종류를 고정할 때는 e6000을 사용해야 더 단단하게 고정된다.

2

펠트 링

다양한 모양의 플라스틱 장식은 동대문 시장에서 저렴하게 구입할 수 있어요.
아이가 좋아하는 장식으로 반지를 만들어 주세요.
매일매일 아이가 찾는 아이템이 될 거예요.

MATERIAL

0.3㎝ 화이트 펠트 **사방 2㎝**
뼈 모양 플라스틱 장식 **1개**
블루 메탈 반지 대 **1개**
글루건
가위

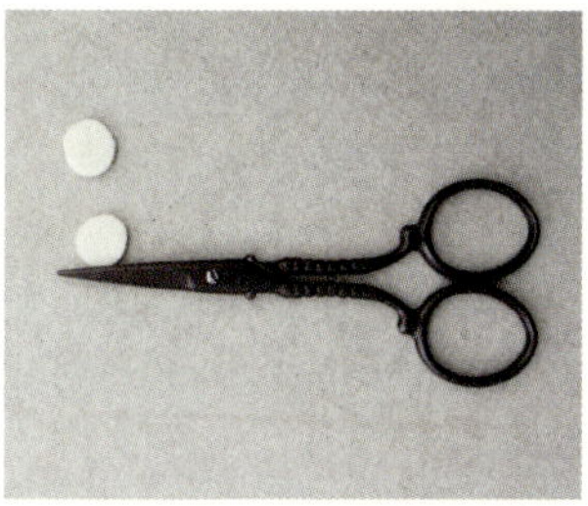

1 화이트 펠트를 1.7㎝ 지름의 원형 모양으로 자른다.

2 펠트 위에 플라스틱 장식을 글루건으로 붙인다.

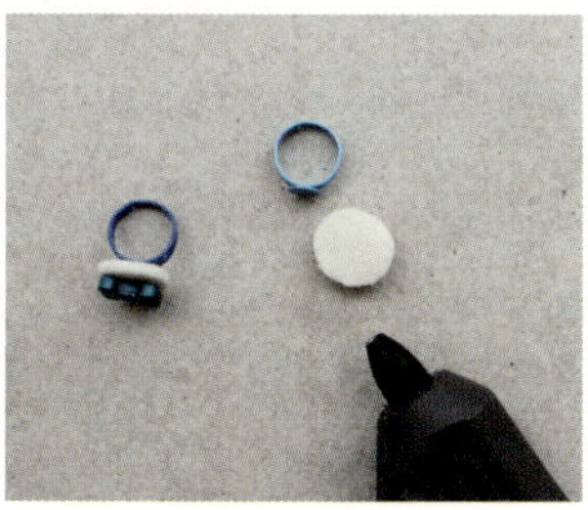

3 반지 대와 펠트를 글루건으로 고정한다.

반지 대는 두께 조절이 가능한 것을 고르면 어떤 손가락이든 착용 가능하다. 서로 톤이 다른 플라스틱 장식과 반지 대를 이용해 여러개를 만들어도 예쁘다.

3

아이스크림 러버

늘 집에 있는 고무줄과 단추를 이용해서 사랑스러운 반지를 만들었어요.
아이들이 좋아하는 아이스크림 장식의 반지, 캐주얼한 옷에 참 잘 어울린답니다.

MATERIAL

브라운 고무줄 **폭 0.6㎝ 길이 5㎝**
아이스크림 모양 단추 **1개**
브라운 실 **약간**
바늘
가위

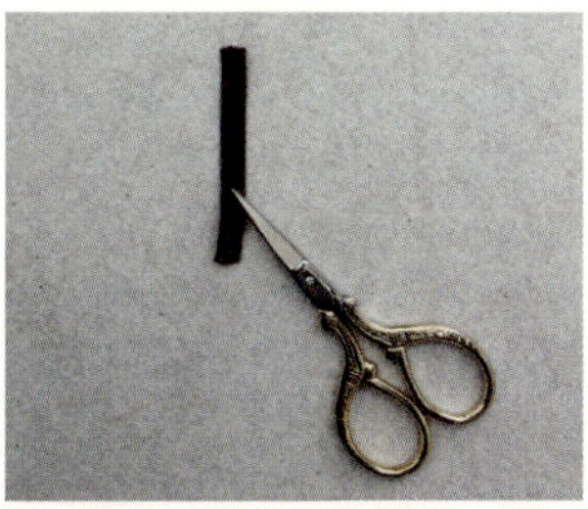

1 아이의 손가락 사이즈보다 0.5㎝ 정도 여유 있게 고무줄을 자른다.

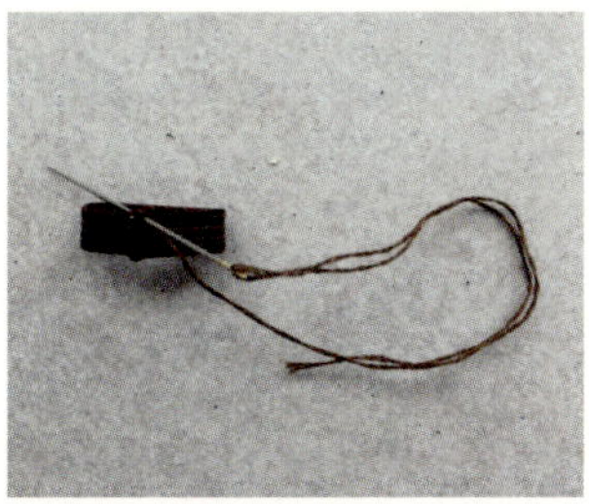

2 고무줄을 가운데로 0.5㎝ 겹치게 접어 실로 바느질한다.

3 바느질한 고무줄의 중심 부분과 단춧구멍을 실로 연결한다.

고무줄을 반지 대로 이용하면 신축성이 있어서 손가락 사이즈에 크게 구애를 받지 않는다. 단추와 고무줄이 서로 쉽게 떨어지지 않도록 3번 정도 실을 단춧구멍에 감아서 부착해야 튼튼하다.

4

트리플 플라워

3가지 컬러의 펠트를 사용해서 꽃을 만들었어요.
이 꽃을 반지 대에 달아 주면 꽃보다 더 화려한 반지가 됩니다.
로맨틱한 스타일의 원피스에도, 캐주얼한 데님 원피스와도 너무 잘 어울려요.

MATERIAL

0.1㎝ 화이트·블루·그린 펠트 **각각 사방 4㎝**
메탈 반지 대 **1개**
흰색 실 **약간**
기화성 펜
시침핀
바늘
글루건
가위

1 기화성 펜으로 꽃 모양을 그린다.

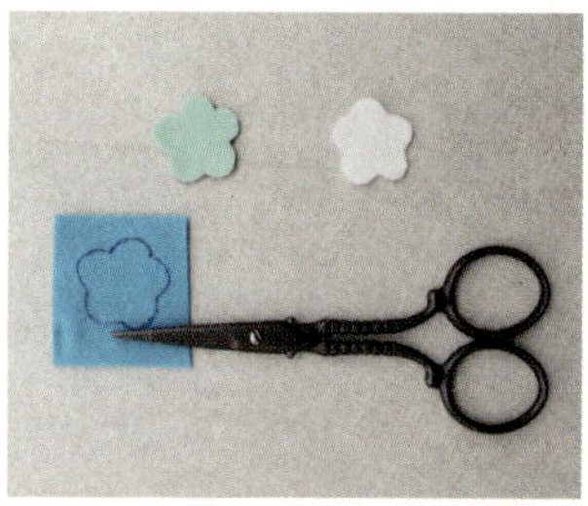

2 3가지 색의 펠트에 그린 꽃 모양을 도안대로 가위로 자른다.

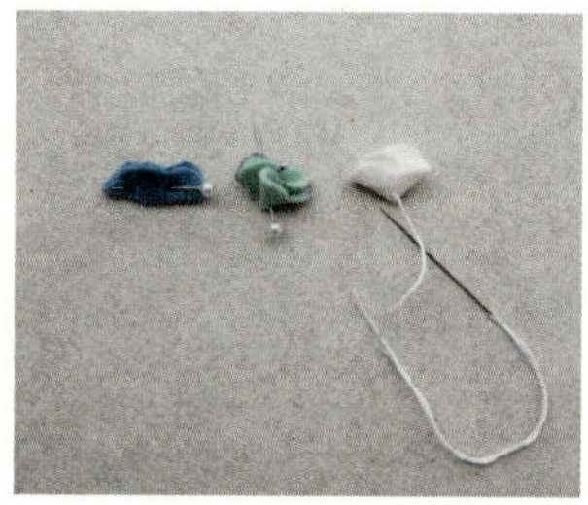

3 반으로 접고 다시 반을 접어서 시침핀으로 고정한 다음 밑면의 중심에 바느질로 1땀 고정한다.

4 3가지 펠트의 중심을 실로 서로 이어 준다.

5 남은 펠트를 0.5㎝ 원형으로 자른 뒤 ④의 꽃 모양 펠트의 밑면을 원형 펠트에 글루건으로 붙인다.

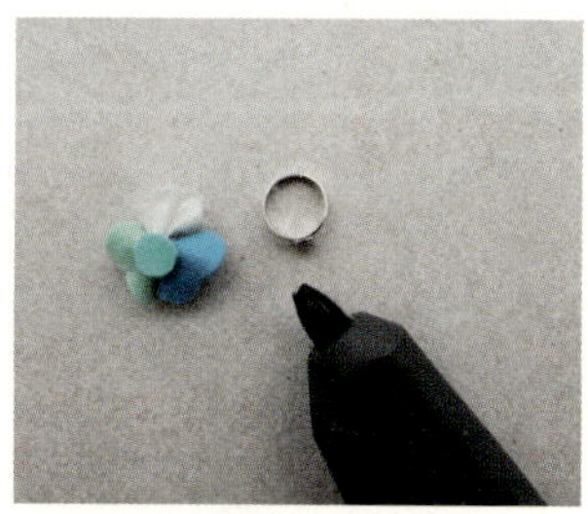

6 반지 대와 원형 펠트를 글루건으로 고정한다.

펠트를 장식으로 사용하는 경우에는 두께가 얇은 것을 선택한다. 두께가 0.2㎝ 이상이 되면 모양을 만들기 까다롭다.

5

스위트 캔디

달콤한 컬러의 구슬을 서로 연결했더니
사탕처럼 동글동글 먹음직스러운 귀고리가 완성되었어요.
리본 모양 플라스틱, 골드 비드 받침 등을 장식해, 아기자기함을 더했답니다.

MATERIAL

레드·바이올렛·핑크 구슬 **2개씩**
골드 비드 캡 **6개**
핑크 리본 플라스틱 **1개**
귀고리 훅 **1쌍**
우레탄 줄 **약간**
e6000
가위
평집게
9자집게

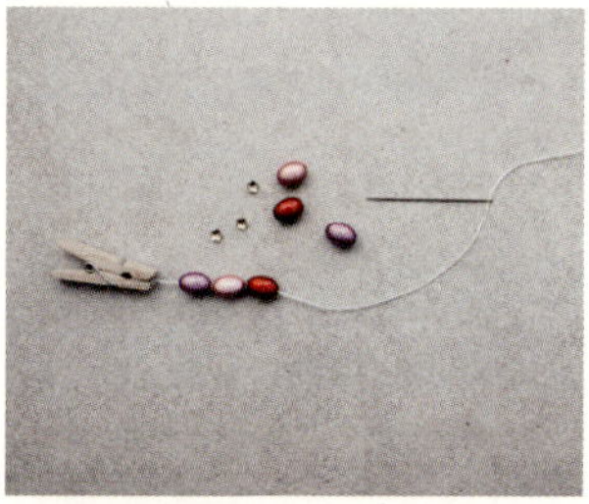

1 우레탄 줄에 구슬과 비즈 캡을 1개씩 번갈아 끼운다.

2 색색의 구슬과 비즈 캡을 모두 끼운 뒤 우레탄 줄을 묶는다.

3 중심에 귀고리 훅을 9자집게와 평집게를 이용해 단다.

4 귀고리 훅을 단 부분에 리본 플라스틱을 e6000으로 붙인다.

귀고리 침을 구슬과 직각으로 달아야 정면에서 봤을 때 원형 모양을 잡을 수 있다. 구슬 사이에 틈이 보이지 않게 우레탄 줄을 팽팽히 당겨 묶어야 예쁘다.

6

옐로 달링

늘어지는 드롭 스타일 귀고리는 아이 뿐 아이라 엄마도 잘 어울려요.
아이와 커플로 함께 할 수 있는 커플 아이템입니다.
메탈 플라워와 원석 장식으로 산뜻함을 더한 옐로 귀고리는
사계절 내내 착용할 수 있어요.

MATERIAL

옐로 플라워 펜던트 2개
골드 메탈 줄 6cm
화이트·옐로·핑크 원석 2개씩
ㅇ링 2개
볼핀 6개
귀고리 훅 1쌍
집게
니퍼

1 니퍼로 골드 줄을 3cm 길이로 2줄 자른다.

2 펜던트와 줄을 집게를 사용해 ㅇ링으로 연결한다.

3 볼핀에 원석을 끼운 뒤 9자 모양으로 둥글게 말고 남는 부분은 니퍼로 자른다.

4 스트링에 3가지 색의 원석을 집게로 달고, 귀고리 훅을 줄의 상단에 연결한다. 나머지 귀고리도 같은 방법으로 만든다.

볼핀에 원석을 끼운 뒤 원석에 가깝게 대고 9자집게로 볼핀을 말아서 둥글린다. 볼핀을 사용해야 원석의 구멍으로 핀이 빠지지 않는다.

7

빈티지 화이트

빈티지한 느낌을 주는 모티브는 차분하고 단정해 보이죠.
모티브에 진주 장식을 더하면 우아함이 더해져
장난꾸러기 아이도 소녀처럼 성숙해집니다.

MATERIAL

플라워 모티브 **2개**
귀고리 훅 **1쌍**
반원 진주 **2개**
원형 진주 **2개**
볼핀 **2개**
O링 **2개**
e6000
집게
니퍼

1 모티브의 하단에 O링을 집게로 연결한다.

2 원형 진주를 볼핀에 끼운 뒤 9자집게로 둥글게 만 다음 O링에 연결한다.

3 귀고리 훅을 열어 모티브의 상단에 연결한 다음 집게로 닫는다.

4 모티브의 중앙에 e6000으로 반원 진주를 붙인다. 나머지 1개 귀고리도 같은 방법으로 완성한다.

모티브에 링과 훅을 연결할 때는 쉽게 빠지지 않도록 링의 틈이 없도록 주의한다. 평집게와 9자집게를 이용해 O링을 잘 닫는 것이 포인트.

8

레드 리스

레드 리본을 이용해 리스를 만들었어요.
크리스마스 리스처럼 화려한 리스 귀고리는 눈에 띄는 포인트가 되어서
다른 액세서리 없이도 아이의 스타일을 확 다르게 표현할 수 있어요.

MATERIAL

레드 공단 리본 **폭 50㎝**
메탈 포스트 침 **1쌍**
T핀 **2개**
새 장식 **2개**
O링 **2개**
양면테이프 **약간**
집게
니퍼
가위
펀치

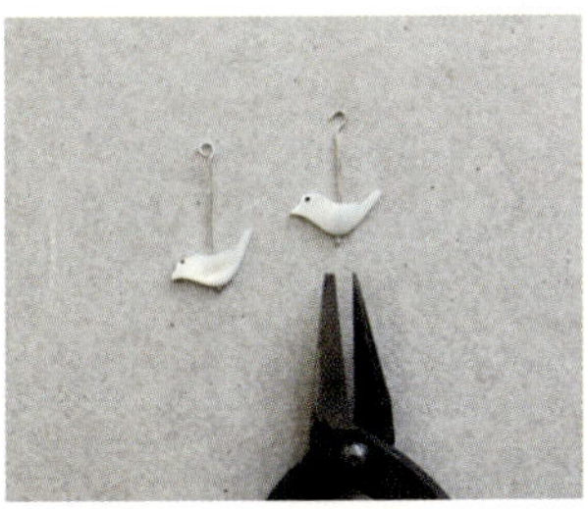

1 구멍이 뚫린 새 장식을 T핀에 끼운 뒤 핀의 끝을 9자집게로 둥글게 구부린다.

2 공단 리본은 삼각 모양으로 접는다.
(p.20 만드는 법 참고)

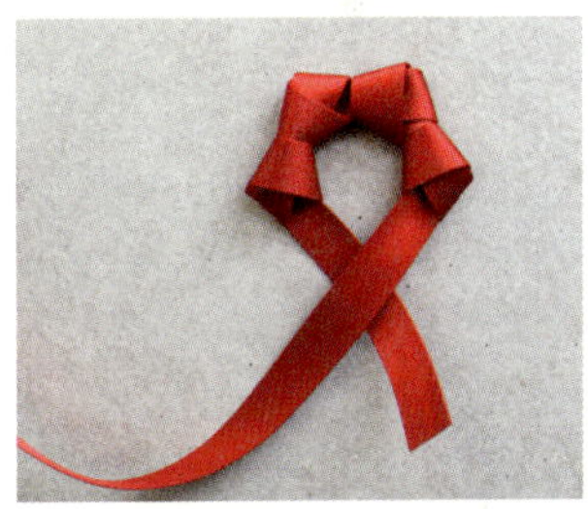

3 삼각 리본을 접은 뒤 계속 연결해가며 6개의 삼각 모양을 만든다.

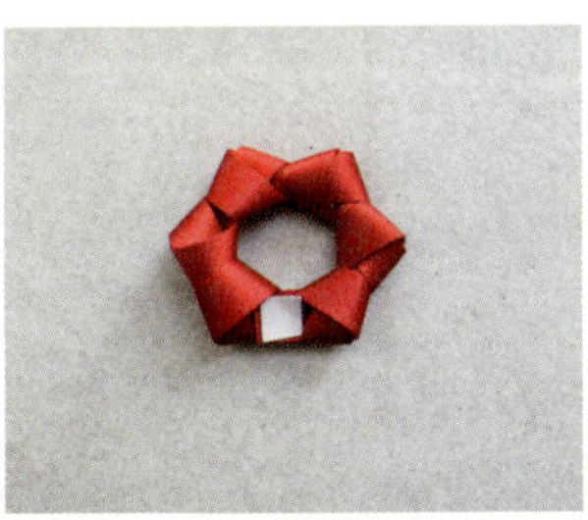

4 6개의 삼각 모양을 만들면 끝의 1㎝ 정도 자른 뒤 양면테이프로 고정한다.

5 펀치로 리본의 상단 중앙에 구멍을 뚫은 뒤 O링과 포스트 침을 연결한다.

6 O링에 ①의 새 장식을 연결한다.

새 장식이 리스 중앙에 달릴 수 있도록 T핀의 길이를 미리 재어서 적당하게 잘라 사용한다. 귀고리는 포스트 타입을 사용해야 귓불에 매달릴 수 있어서 깔끔하다.

More Info
arM Stall
32

TWO

NECKLESS

로맨틱한 진주 목걸이, 화사한 구슬 목걸이, 긴 폼폼 목걸이… 엄마의 정성이 담긴 색다른 목걸이 하나만으로 아이는 더욱 사랑스러워집니다. 아이 목걸이는 불편하지 않도록 길게 만들어 주세요. 색다른 목걸이를 원피스에 매치하면 특별한 날이 아니더라도 매일매일 특별한 날처럼 예쁜 룩이 완성됩니다.

1
빅리본

진주와 퍼플 컬러 니트 리본이 이국적인 느낌을 줍니다.
니트와 벨벳, 진주 장식으로 가을, 겨울에 더욱 잘 어울리는 목걸이예요.
학예회나 연주회 같은 특별한 날 코디해도 좋은 스타일입니다.

MATERIAL

퍼플 니트 **9×16㎝**
카키 스웨이드 리본
폭 1㎝ 길이 16㎝
진주 **94개**
진주 장식 **1개**
철사 **약간**
자석 클래습 **1쌍**
O링 **2개**
볼팁·고정볼 **2개씩**
철사·양면테이프·와이어 **약간씩**
집게
니퍼
e6000
가위
글루건

1 니트의 긴 면을 가운데로 접어서 양면 테이프를 붙인다.

2 니트 중앙에 주름을 잡아 철사로 묶은 뒤 카키 리본으로 한 번 감싸준다.

3 와이어에 진주를 꿴 다음 볼팁을 끼운다. 고정 볼을 끼워 집게로 누른 다음 남은 와이어를 자르고 볼팁을 닫는다.

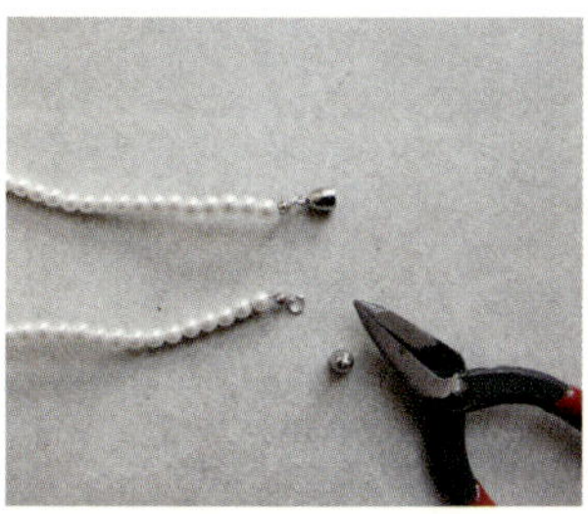

4 O링을 볼팁에 연결한 뒤 클래습과 O링을 집게로 연결한다.

5 진주 목걸이의 하단 중심에 니트를 대고 남은 카키 리본으로 목걸이와 리본을 함께 감싼 뒤 글루건으로 고정한다.

6 카키 리본의 중심에 리본 장식을 e6000으로 붙인다.

볼팁에 고정 볼을 끼운 뒤 풀리지 않게 와이어를 감아서 꼬거나 매듭을 짓는 게 좋다. 접착제를 살짝 발라 준 뒤 볼팁을 닫으면 쉽게 목걸이와 분리되지 않는다.

2 로맨틱 요요

아이들과 잘 어울리는 요요를 만들어 목걸이에 장식해 보세요.
흔히 볼 수 없는 감성을 전할 수 있어서 아이가 더욱 돋보입니다.
펠트, 조화 등 꽃 장식을 더하면 흔치 않은 하나뿐인 핸드메이드 목걸이가 되지요.

MATERIAL

원형 모티브 레이스 **60cm**
0.2cm 와인 펠트 **사방 6cm**
핑크 패턴 면 패브릭 **사방 13cm·10cm**
아이보리 패턴 면 패브릭 **사방 15cm**
비즈 팁 **2개**
클래습 **1쌍**
O링 **2개**
조화 **1개**
반투명 사각 단추 **1개**
핑크 실 **적당량**
바늘
가위
집게
니퍼

1 모티브의 양 끝에 사각 비즈 팁을 끼운 뒤 집게로 누른다.

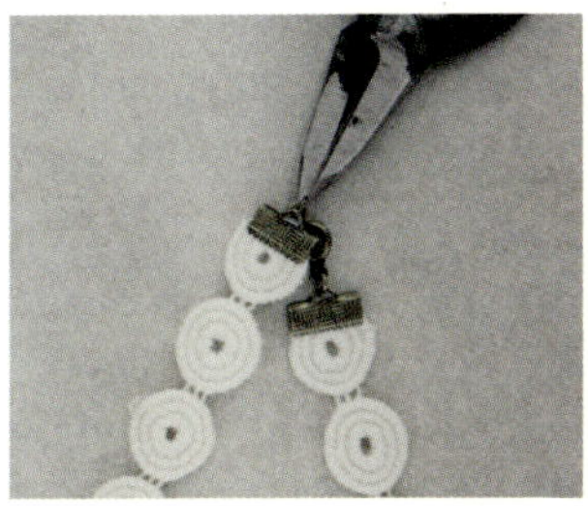

2 O링을 벌려서 비즈 팁과 클래습을 연결한 다음 집게로 눌러서 닫는다.

3 각각 15cm, 12cm, 10cm의 원형으로 자른 뒤 가장자리부터 0.5cm 안으로 들어와서 홈질한 다음 실을 당겨서 매듭을 짓는다.

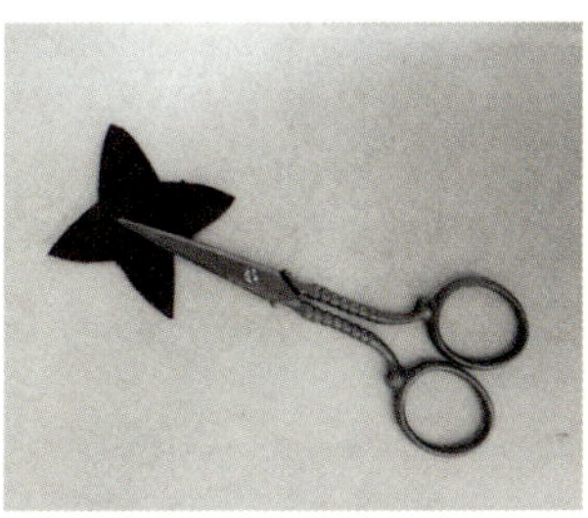

4 네 잎사귀 모양의 꽃을 펠트에 그린 뒤 자른다.

5 조화를 모티브의 중앙으로부터 살짝 올라간 지점에 글루건으로 붙인다.

6 꽃 옆에 나란히 요요를 3개 달고 와인 펠트를 붙인 뒤 단추를 바느질해서 요요 위에 단다.

모티브 레이스와 비즈 팁을 연결한 다음 접착제를 살짝 발라 주면 쉽게 떨어지지 않는다.

3 컬러풀 폼폼

아이들이 좋아하는 폭신한 폼폼을 연결한 만든 목걸이.
마치 사탕을 줄줄이 꿴 것 같은 발랄함이 느껴집니다.
여자아이 뿐 아니라 남자아이들에게도 잘 어울리는 스타일로,
털실을 장식해 포근한 느낌을 더해 주어도 좋아요.

MATERIAL

지름 1.5㎝ 폼폼 **16개**
지름 3㎝ 폼폼 **1개**
핑크 면 공단 리본 **50㎝**
화이트 털실 **적당량**
철사 **약간**
핑크 실 **약간**
바늘
가위

1 핑크 실에 1.5㎝ 폼폼 14개를 바늘로 꿴다.

2 3㎝ 폼폼을 이어서 꿴 다음 나머지 폼폼 2개를 연결해서 꿰어 준다.

3 핑크 리본을 40㎝ 정도 자른 뒤 밑단을 0.5㎝ 정도 접고 길이로 반 접은 다음 바늘로 폼폼과 연결한다.

4 나머지 핑크 리본을 ③의 연결 부분에 살짝 묶어 준다.

5 털실을 4.5㎝ 길이로 20~30가닥 자른 다음 중심을 철사로 묶는다.

6 ③의 나머지 연결 부분에 털실을 대고 철사를 감싸 준다.

폼폼의 중앙에 정확히 바늘을 통과시켜야 한다. 반듯하지 못하게 꿰면 폼폼을 연결했을 때 똑바르지 않고 삐뚤빼뚤해서 목걸이 모양이 매끈하지 않게 된다.

4

로맨틱 소녀

3가지 컬러의 펠트로 로맨틱한 꽃을 만들었어요.
단색의 밋밋한 옷에 악센트를 줄 수 있어요. 단추 장식을 더하면
세상에 하나뿐인 특별한 아이템이 되지요.

MATERIAL

퍼플 스웨이드 줄 **70㎝**
0.1㎝ 화이트·그린·다크 그린 펠트 **사방 6㎝**
옐로 플라워 단추 **1개**
옐로 실 **약간**
기화성 펜
바늘
펀치
가위

1 3가지 색의 펠트에 기화성 펜으로 꽃 모양을 그린 뒤 도안대로 자른다.

2 펠트의 중앙에 펀치로 구멍을 뚫는다.

3 3가지 색의 펠트는 간격을 벌려 가며 스웨이드 줄에 꿴 다음 가장자리의 펠트 꽃 위에 옐로 단추를 단다.

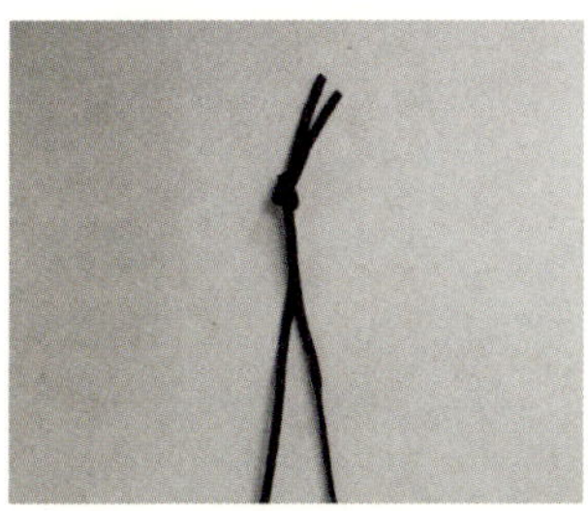

4 스웨이드 줄의 윗부분을 아이 목둘레에 맞게 묶는다.

펠트를 스웨이드 줄에 꿸 때 어느 정도 간격을 벌려서 끼우면 더욱 멋스럽다. 끈에 꿰지 않고 펠트를 스웨이드에 바느질해도 예쁘다.

5

로망스

아이보리와 골드의 조합이 멋스러운 화이트 목걸이.
착용했을 때 꽃 얼굴 모양이
양 측면에서 보이는 스타일이라 더욱 예뻐요.

MATERIAL

아이보리 주름 원단 리본
폭 3.5㎝ 길이 100㎝
골드 줄 50㎝
5㎝ 타원형 모티브 1개
골드 메탈 리본 장식 1개
골드 리본 폭 2㎝ 길이 26㎝
○링 1.2㎝ 3개
○링 2개
클래습 1쌍
철사 약간
집게
가위
글루건

1 모티브의 상단에 1.2㎝ ○링을 집게로 연결한다.

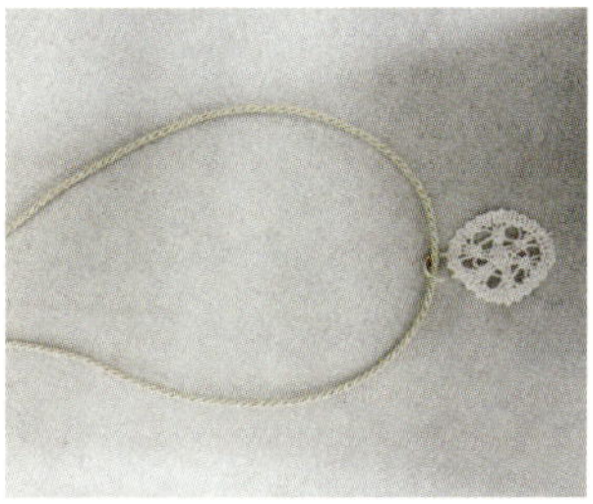

2 골드 줄에 ①의 ○링을 끼우고 스트링의 양 끝을 매듭짓는다.

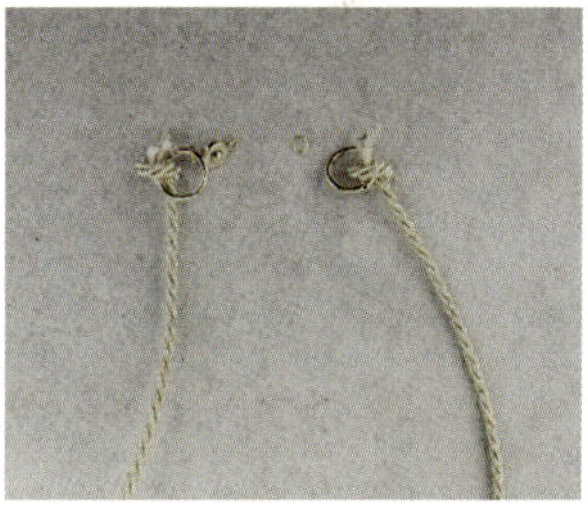

3 매듭과 1.2㎝ ○링을 연결하고 거기에 ○링과 클래습을 집게로 연결한다.

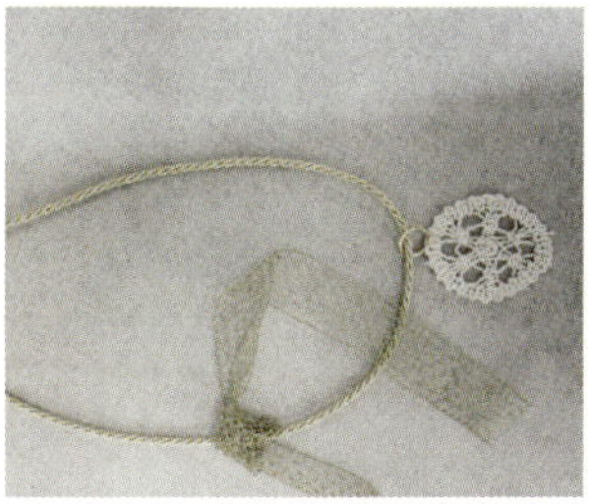

4 스트링의 중앙보다 살짝 올라간 지점에 골드 리본과 리본 장식을 끼우고 매듭짓는다.

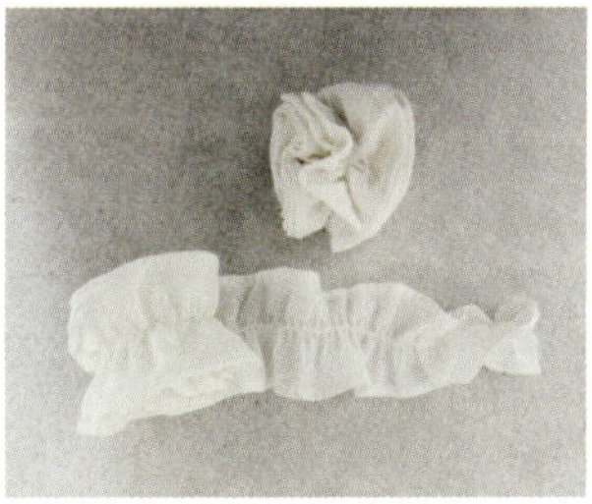

5 주름 원단을 둥글게 만 다음 중심을 철사로 묶어서 주름이 지게 한다.

6 모티브에 글루건을 조금씩 발라가며 주름 원단을 고정한다.

모티브와 리본은 실로 바느질해도 좋다. 골드 컬러의 줄 매듭 부분에 접착제를 살짝 발라 고정하고 라이터로 끝을 달궈 주면 쉽게 매듭이 풀리지 않는다.

6

퍼플 플라워

조화를 이용해 목걸이를 만들면 산뜻해서 어디에나 매치하기 좋아요.
흔한 목걸이 줄 대신 단춧구멍 만들 때 사용하는 '세파' 혹은 모티브처럼
가볍고 독특한 소재를 사용해 보세요. 누구나 탐낼 만한 특별한 스타일이 됩니다.

MATERIAL

바이올렛 세파 **70㎝**
10㎝ 타원형 모티브 **1개**
퍼플 조화 **1개**
1.2㎝ O링 **1개**
핑크 실 **약간**
바늘
니퍼
가위

1 세파의 양 끝을 마주대로 실로 박음질해 원형으로 연결한다.

2 조화는 니퍼로 꽃대를 바싹 자른다.

3 모티브에 글루건으로 조화를 붙인다.

4 모티브의 상단에 O링을 끼운 뒤 세파의 하단 구멍에 집게로 연결한다.

리본이 도톰하므로 접착제를 조금만 사용하면 똑바로 서기 힘들 수 있다. 부착할 헤어밴드의 면에 충분히 글루를 발라 눌러 주어야 리본이 눕지 않는다.

7

캔디 플레이

사탕처럼 동글동글 귀여운 구슬은 아이들이 특히 좋아하는 소재입니다.
색색의 구슬로 아이와 함께 목걸이를 만들어 보세요.
아이가 직접 만든 목걸이라 더욱 애착을 갖게 될 거예요.

MATERIAL

6가지 컬러 구슬 **1.2㎝ 36개**
아이보리 빅 리본 플라스틱 **1개**
우레탄 줄 **적당량**
나무집게
바늘
가위

1 바늘에 우레탄 줄을 끼운 뒤 6가지 컬러의 구슬을 차례대로 바늘에 끼워 줄에 연결한다.

2 36개의 구슬을 모두 끼우면 아이보리 리본을 바늘에 끼워 연결한다.

3 바늘을 빼고 우레탄 줄을 매듭짓는다.

구슬을 끼울 때 한쪽 끝은 나무집게로 우레탄 줄을 집어 놓으면 구슬이 굴러서 빠질 염려가 없다. 구슬을 많이 끼울수록 무거워지므로 우레탄 줄을 강하게 매듭지어야 쉽게 끊어지지 않는다.

White

THREE

BRACELET

남자아이나 여자아이 모두 팔찌가 잘 어울립니다. 티셔츠에 매치한 팔찌는 아이들에게 생기와 산뜻함을 주지요. 아이들이 좋아하는 화사한 구슬, 꽃, 경쾌한 컬러를 사용해 계절마다 다른 팔찌를 만들어 주세요. 옷을 입을 때마다 즐거운 기분을 느낄 수 있어요. 2개를 만들어 좋아하는 친구, 동생과 커플로 착용하게 해 주어도 좋아요.

1

비비드 스트링

비비드 컬러의 군번줄은 가벼우면서
컬러풀해서 아이들과 잘 어울립니다.
레드, 핑크, 옐로 등 톡톡 튀는
컬러의 군번줄로 생동감 있는
팔찌를 만들어 주세요.
아이가 좋아하는 단짝 친구와
나눠 착용하기 좋은 아이템이에요.

MATERIAL

레드·핑크 군번줄 **각 15㎝**
군벌줄 캡 **2개**
골드·실버 메탈 플라워 장식 **1개씩**
골드·실퍼 볼핀 **1개씩**
패턴 장식 원석 **2개**
집게
니퍼

1 군번줄은 아이의 팔 둘레에 맞게 니퍼로 자른 뒤 줄에 플라워 장식을 끼운다.

2 군번줄의 양 끝을 캡에 끼운다.

3 볼핀에 원석을 끼운 뒤 1㎝ 정도 핀 대를 남기고 니퍼로 자른 다음 9자 집게로 둥글게 구부린다.

4 군번줄에 둥글게 구부린 ③의 핀을 끼운 뒤 집게로 닫는다.

핀의 끝을 볼 모양으로 둥글게 처리한 볼핀은 T핀보다 두꺼워 구멍이 크게 뚫린 원석을 끼울 때 사용한다. 볼핀에 원석을 끼운 뒤 핀 대를 자를 때 남기는 길이가 길어질수록 고리의 크기가 커진다.

2

시스터즈

요즘에는 스타일이 조금씩 다른 팔찌를 여러 개 레이어드 하는 것이 인기랍니다.
비슷하지만 서로 다른 스타일의 팔찌는 닮았지만 서로 다른 자매 같아요.
개성 있는 3개의 팔찌가 아이의 스타일을 더욱 돋보이게 해줄 거예요.

MATERIAL

핑크 구슬 **36개**
아크릴 나비 **12개**
아크릴 플라워 **12개**
빅 플라워 클레이 **1개**
우레탄 줄 **약간**
나무집게
바늘
가위

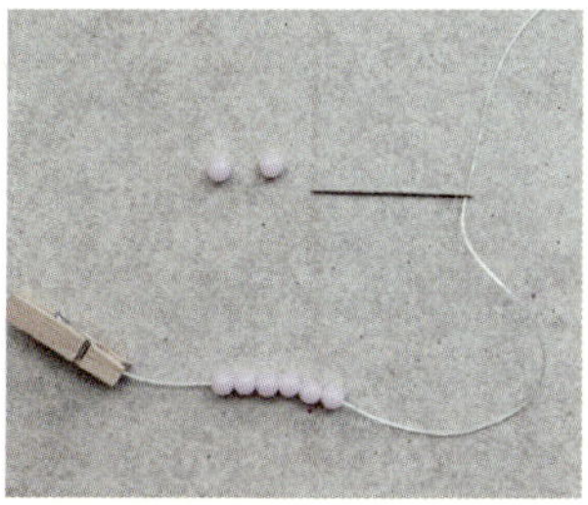

1 바늘에 우레탄 줄을 끼운 뒤 핑크 구슬 22개를 끼운다.

2 빅 플라워를 끼운 다음 매듭을 지어 마무리한다.

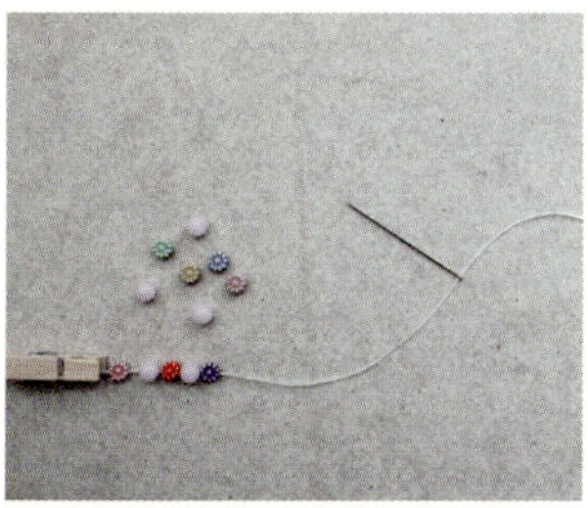

3 바늘에 우레탄 줄을 끼운 뒤 핑크 구슬과 아크릴 플라워를 번갈아 가며 12개씩 끼운 뒤 우레탄 줄을 매듭짓는다.

4 바늘에 우레탄 줄을 끼운 뒤 핑크 구슬과 아크릴 나비를 번갈아 가며 12개씩 끼운 다음 우레탄 줄을 묶는다.

바늘에 우레탄 줄을 꿰어서 사용하면 쉽게 구슬을 통과시킬 수 있다. 우레탄 줄이 얇기 때문에 일반 바늘보다 귀의 폭이 좁은 비즈 바늘을 사용한다.

3

데이지

데이지 꽃을 살포시 달아 준 팔찌는 어디를 가도 돋보입니다.
주말에 나들이 갈 때, 소풍 갈 때…
야외 활동이 있는 날 아이에게 해주세요.
조금 더 특별한 하루가 될 거예요.

MATERIAL

0.2㎝ 옐로 펠트 6×17㎝	펀치
그린 면 리본 폭 1㎝ 길이 8㎝	바늘
데이지 조화 1개	망치
화이트 도트단추 2쌍	가위
그린 실 약간	니퍼
도트단추 기구	글루건

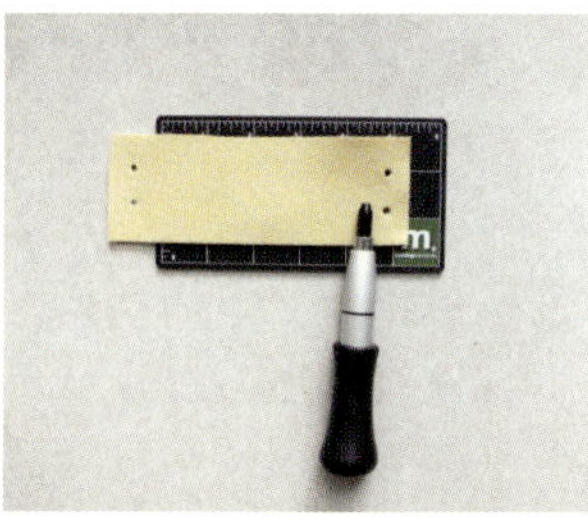

1 단추를 달 펠트의 양쪽 네 모서리에 펀치로 구멍을 뚫는다.

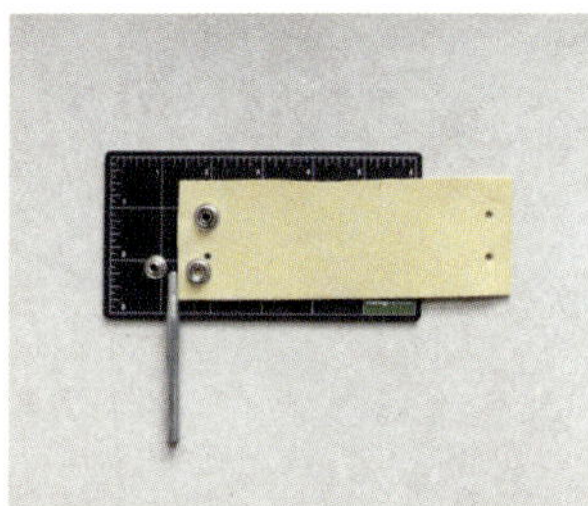

2 먼저 안숫놈을 끼운 뒤 안암놈을 끼우고 도트단추 기구를 대고 망치로 두드린다.

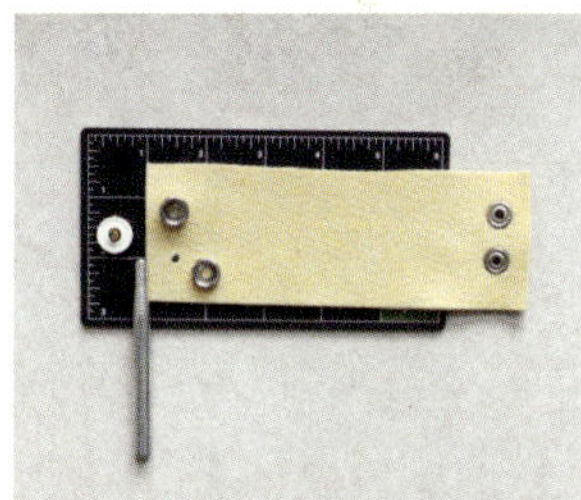

3 반대편에 겉숫놈과 겉암놈을 끼우고 도트단추 기구를 대고 망치로 두드려 단추를 단다.(p.21 만드는 법 참고)

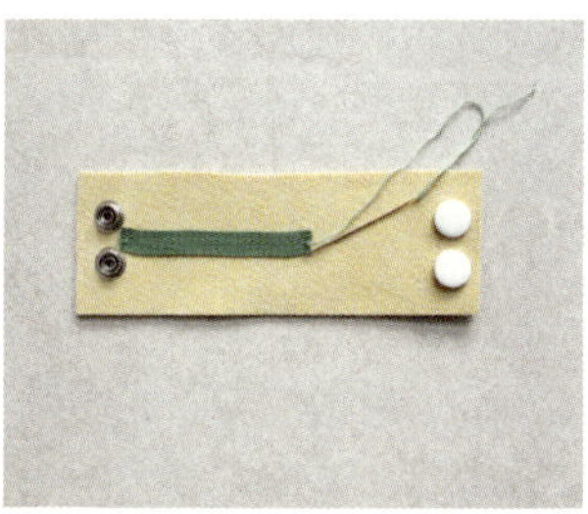

4 리본을 펠트의 중앙에 오게 댄 다음 실로 리본 가장자리를 박음질한다.

5 데이지는 니퍼로 꽃대를 짧게 자른다.

6 그린 리본이 달린 펠트의 중앙에 데이지를 글루건으로 붙인다.

펠트와 꽃의 컬러만 바꾸어서 다른 스타일로 1개 더 만든다. 그린 리본의 길이를 조금씩 다르게 해 생동감을 주어도 좋다.

4

블루 프린세스

리본으로 묶어서 팔찌의 사이즈를 조절하는 스타일로,
블루 컬러 리본과 구슬,
그리고 오렌지 컬러의 조화가 고급스러워요.
팔에 리본을 살짝 묶어 주면 개구쟁이 아이도
마치 도도한 공주님 같아요.

MATERIAL

블루 면 공단 리본 **폭 1.3㎝ 길이 50㎝**
블루 구슬 **6개**
오렌지 플라워 **1개**
사각 클래습 **2개**
O링 **2개**
볼팁 **2개**
고정 볼 **2개**
와이어 **약간**
집게
니퍼

1 와이어에 오렌지 플라워를 끼운 다음 플라워 양 옆으로 블루 구슬을 3개씩 끼운다.

2 와이어에 볼팁과 고정 볼을 끼운다. 평집게로 고정 볼을 누른 다음 남은 와이어를 니퍼로 자르고 볼팁을 닫는다.

3 집게를 이용해 O링에 볼팁과 사각 클래습을 연결한다.

4 블루 리본을 이등분한 뒤 사각 클래습에 1개씩 끼운 뒤 평집게로 누른다.

아이의 손목 사이즈에 따라 구슬과 리본의 길이를 조절하는 게 좋다. 리본의 길이가 짧아질수록 깜찍한 느낌, 길어지면 우아한 느낌을 준다.

5

레이스 소녀

아이들은 레이스와 의외로 잘 어울립니다.
캐주얼한 스타일에도 레이스나 모티브를 살짝 달아 주면
얌전하면서 고급스러워 보여요.

MATERIAL

플라워 모티브 레이스 **4개**
머스터드 털실 **약간**
O링 **4개**
클래습 **1쌍**
가위
집게

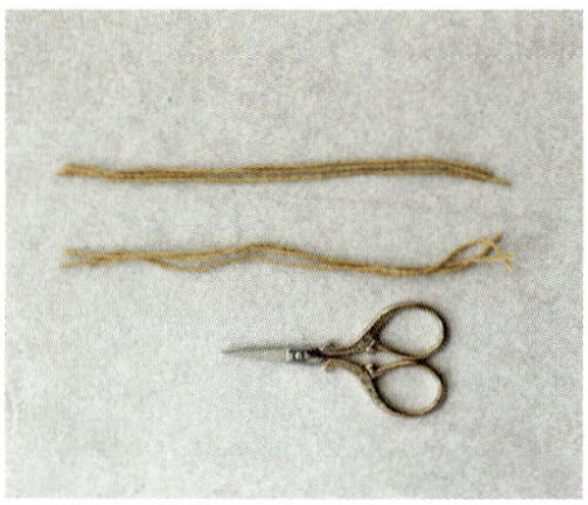

1 털실은 3줄씩 가지런히 모아서 10㎝ 정도 길이로 자른다.

2 모티브 3개의 가장자리에 O링을 연결한 다음 털실을 O링과 연결해 매듭짓는다.

3 털실의 3㎝ 떨어진 지점에 O링을 끼우고 O링 안으로 털실을 매듭지은 뒤 남은 부분은 자른다.

4 O링에 집게를 이용해 클래습을 연결한다.

5 반대편 모티브에 O링을 끼운다.

6 나머지 털실을 O링에 매듭짓고 3㎝ 떨어진 지점에 다시 O링을 끼워서 털실을 매듭짓는다. O링에 클래습과 나머지 모티브 레이스를 연결한 다음 남은 실은 자른다.

털실과 O링을 연결할 때 매듭을 확실하게 지어 주어야 쉽게 분리되지 않는다. 라이터를 이용해 실 끝을 살짝 가열해 주면 더욱 튼튼하다.

6

버튼 플래그

집에 있는 자투리 천과 단추, 실로 간단하게 만들 수 있는
조금 색다른 스타일의 팔찌를 소개합니다.
깃발처럼 조르르 달린 패브릭이 빈티지한 느낌을 주어서
스포티한 옷차림에 악센트로 착용하면 특히 예뻐요.

MATERIAL

베이지 가죽 줄 **20㎝**
워싱 핑크 단추 **3개**
바이올렛 단추 **2개**
O링 **2개**
자석 클래습 **1쌍**
린넨 패턴 패브릭 **적당량**
피치 실 **약간**
바늘
가위

1 각기 다른 패턴의 패브릭을 1.5×3㎝ 크기로 5장 자른다.

2 가죽 줄에 패브릭을 감싸고 줄 밑부분과 패브릭을 함께 박음질한다.

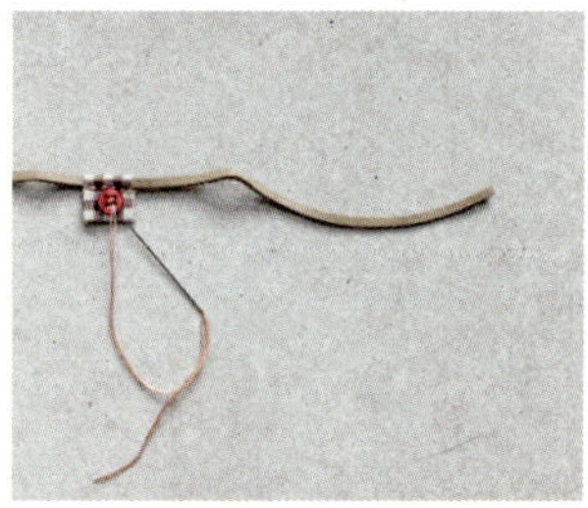

3 패브릭 중앙에 핑크 단추를 단다.

4 1㎝ 간격을 띄고 패브릭을 대고 단추를 다는 것을 4번 더 반복한다.

5 패브릭 단추를 모두 단 뒤에는 1㎝ 간격을 띄워서 줄을 매듭짓는다.

6 매듭 앞쪽에 O링과 클래습을 연결한다.

팔찌 뒷면은 바로 살에 닿는 부분이므로 거슬리지 않도록 깔끔하게 바느질하는 것이 포인트. 단추를 달고 박음질을 할 때 매듭이 너무 크거나 지저분하지 않게 주의한다.

FASHION ACCESSORY 12

PART 3

one. corsage 6
two. point accessory 6

ONE

CORSAGE

매일 새 옷을 입힐 수는 없지만 같은 옷이라도 색다르게 꾸며 주고 싶은 게 엄마의 마음이죠. 늘 같은 티셔츠, 카디건이지만 다르게 보이고 싶다면 코르사주를 활용하세요. 코르사주, 와펜, 옷핀 등은 대표적인 포인트 액세서리로, 상의에 달기만 하면 마술처럼 완전히 다른 옷으로 변신합니다. 몇 가지 아이디어만으로 새롭게 변신할 수 있는 특별한 코르사주 소개합니다.

1 스프링 플라워

봄에 활짝 핀 꽃처럼 화사한 생동감을 코르사주에 담아 보았어요.
여러 컬러의 펠트 플라워로 장식한 코르사주는 어디에서나 스포트라이트가 되지요.
봄부터 여름까지 내내 즐겨 착용할 수 있는 사랑스러운 스타일이에요.

MATERIAL

펠트 꽃 장식(레드 · 핑크 · 오렌지 · 바이올렛) **7개**
0.8㎝ 4가지 색 터널단추 **4개**
플라워 모티브 레이스 **1개**
2.3㎝ 나무단추 **1개**
레드 줄 **10㎝**
0.2㎝ 그린 펠트 **지름 4.5㎝ 원형 1개**
3.6㎝ 원형 코르사주핀 대 **1개**
핑크 실 **약간**
바늘
가위
글루건

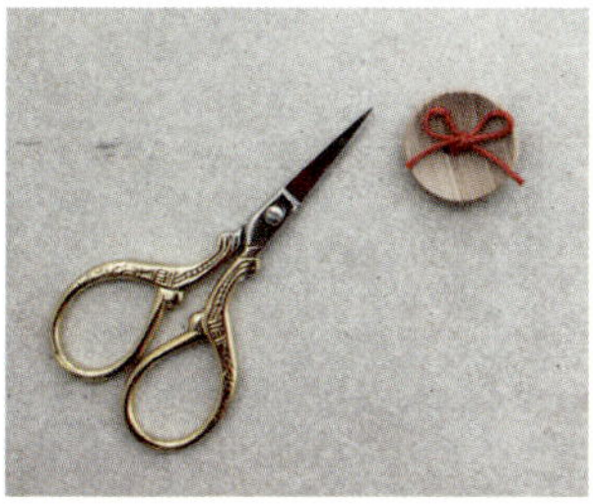

1 나무단추의 구멍에 레드 줄을 끼운 뒤 리본 모양으로 매듭짓는다.

2 모티브에 나무단추를 글루건으로 붙인다.

3 그린 펠트 위에 꽃 장식을 가장자리부터 서로 다른 색을 붙인다.

4 펠트 꽃 7개를 모두 붙인 뒤 글루건으로 ②의 모티브를 붙인다.

5 핑크 실로 미리 만든 펠트 꽃 중앙에 단추를 단다.

6 그린 펠트 뒷면에 코르사주핀 대를 글루건으로 붙인다.

펠트 꽃은 서로 어울리는 컬러끼리 붙인다. 큰 꽃과 작은 꽃은 비스듬히 어긋하게 붙이거나 서로 겹쳐서 붙여 주면 더욱 예쁘다.

2 그린 플라워

꽃 모양 코르사주만큼 로맨틱한 아이템이 있을까요.
발랄한 오건디 리본으로 만든 꽃은 화사함을 더해 줍니다.
재킷이나 셔츠와 같은 포멀한 스타일의 옷에 더욱 잘 어울려요.

MATERIAL

오건디 그린 리본 **폭 4cm 길이 50cm**
양면 그린 리본 **폭 2.5cm 길이 36cm**
3cm 코르사주핀 대 **1개**
화이트 수술 **3줄**
다크 그린 실 **약간**
시침핀
바늘
가위
글루건

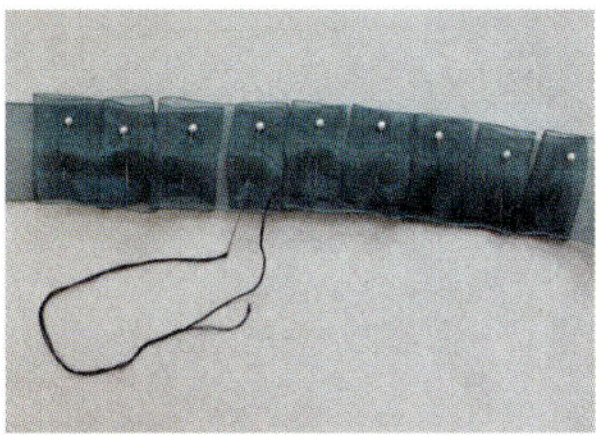

1 그린 리본을 앞뒤로 5cm 너비로 접어 가며 시침핀으로 고정한 다음 리본 밑선에서 0.5cm 올라온 부분에 홈질한다.

2 실을 당겨서 자연스럽게 주름을 잡는다.

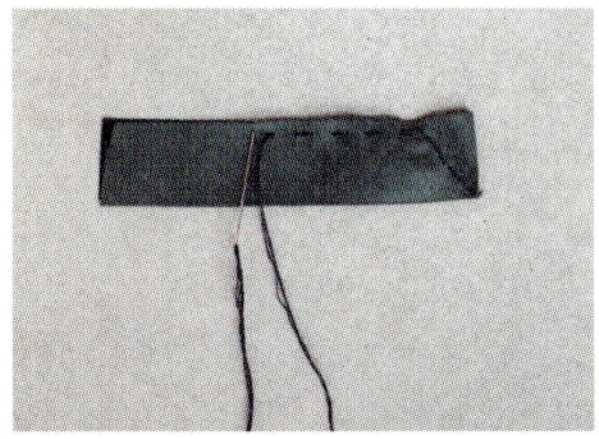

3 양면 그린 리본을 두 줄로 자른 뒤 반 접어서 그림처럼 사선으로 홈질한 다음 윗선을 홈질한다.

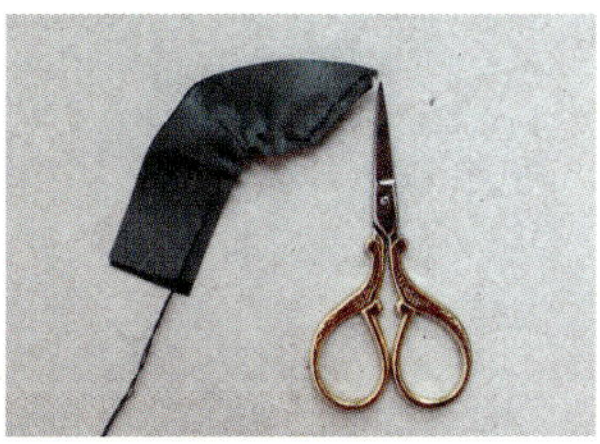

4 사선으로 홈질한 부분을 자른 뒤 실을 당겨서 주름지게 한다.

5 리본을 뒤집은 뒤 바느질이 되지 않은 끝부분을 맞물리게 해 박음질한다. 양면 리본의 다른 면으로 하나 더 만든다.

6 오건디 리본과 양면 그린 리본을 바느질해 연결한다.

7 수술을 반 접어서 실로 묶은 뒤 오건디 리본 안쪽에 단다.

8 ⑦의 리본을 코르사주핀 대에 글루건으로 붙인다.

꽃잎과 잎을 비슷한 톤의 리본으로 통일하면 고급스러운 느낌을 줄 수 있고, 서로 다른 컬러를 사용하면 생동감을 줄 수 있다. 잎사귀를 살짝 겹쳐서 바느질해야 자연스러우면서도 입체감 있게 보인다.

3

하이디

알프스 소녀 하이디가 했을법한 내추럴한 스타일의 코르사주입니다.
자연스럽게 올이 풀리는 원단으로 프린지 장식을 넣은 원단을 겹쳐
풍성함을 더한 스타일이에요. 블라우스나 티셔츠에 살짝 꽂아 주세요.

MATERIAL

그린·핑크 패턴 린넨 20×40㎝
플라워 모티브 1개
그린 펠트 지름 4㎝ 원형
옷핀형 브로치 대 1개
화이트 실 약간
바늘
가위
글루건

1 4㎝ 폭으로 린넨을 잘라서 각각 3㎝, 4㎝ 간격으로 가윗집을 넣는다.

2 린넨을 5㎝, 6㎝ 폭으로 잘라서 4.5㎝, 5㎝ 간격으로 가윗집을 넣고 아랫단에서 0.5㎝ 떨어진 지점에서 홈질한 다음 당겨서 매듭을 짓는다.

3 그린 펠트 위에 6㎝ 폭의 린넨을 올리고 1땀 바느질한다.

4 5㎝, 4㎝, 3㎝ 폭의 린넨을 순서대로 올려 가며 바느질한다.

5 린넨의 중앙에 모티브를 올려서 가장자리를 바느질해 고정한다.

6 코르사주핀 대에 글루건을 바른 뒤 펠트 뒷면에 붙인다.

코르사지의 맨 위에는 원형을 올려야 예쁘다. 3㎝ 폭의 린넨에 촘촘하게 가윗집을 넣어서 당기면 원형 모양으로 만들 수 있다.

로맨틱 웨이브

물결처럼 자연스럽게 구불거리는 레이어가 멋스러운 코르사주를 소개합니다.
주름 원단을 이용해 자연스럽게 층을 만들었어요.
니트나 티셔츠와 같이 매일 입는 일상적인 옷에 달면 색다른 느낌을 주어서
기분까지 특별해질 것 같아요.

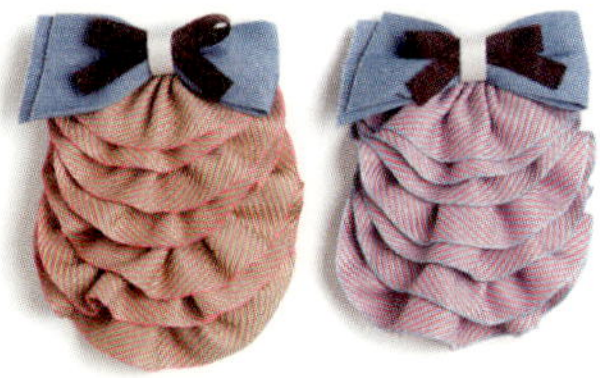

MATERIAL

스트라이프 주름 원단 **60㎝**
데님 리본 **폭 4㎝ 길이 21㎝**
퍼플 면 리본 **폭 1㎝ 길이 20㎝**
화이트 골지 리본 **폭 1㎝ 길이 15㎝**
3㎝ 코르사주핀 대 **1개**
철사·양면테이프 **약간씩**
가위
글루건

주름 원단을 구입해서 사용해도 되지만 집에 있는 원단 리본으로도 같은 느낌을 낼 수 있다. 밑단에서 0.5㎝ 올라온 지점에서 홈질한 다음 실을 당겨서 자연스럽게 주름을 잡아서 사용한다.

1 데님 리본은 반 접어서 중앙에 주름을 잡은 뒤 철사로 묶는다. 퍼플 리본은 삼각 모양으로 잡은 뒤 중앙에 주름을 잡아서 철사로 고정한다.

2 데님 위에 퍼플 리본을 겹친 뒤 화이트 골지 리본으로 감싼 다음 글루건으로 고정한다.

3 데님 리본의 한쪽 끝을 사선으로 자른다. 윗면을 조금 더 짧게 잘라 준다.

4 주름 원단을 어슷하게 아래로 내려가며 물결 모양을 만든다. 중간 중간 글루건으로 붙인다.

5 물결 모양 원단과 데님 리본을 글루건으로 붙인다.

6 ⑤의 리본 뒷면 윗부분에 코르사주핀 대를 글루건으로 부착한다.

5

즐거운 토끼

가죽으로 아이가 좋아하는 동물 모양을 만들었어요.
가죽과 비즈만으로 색다른 스타일의 포인트 액세서리가 완성됩니다.
옷핀형 코르사주핀 대에 가죽 토끼를 달아 포근한 니트에 꽂아 주세요.
즐거운 하루가 될 거예요.

MATERIAL

블랙·브라운 가죽 각 6×10㎝
꽃 모양 플라스틱 장식 2개
하트 비즈 2개
반원형 진주 4개
옷핀형 핀 대 2개
공예용 접착제
가위

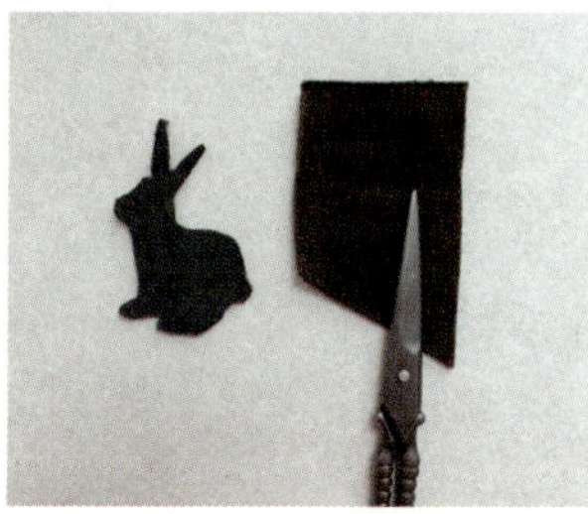

1 가죽을 토끼 모양으로 재단한다.

2 토끼 몸통에 진주로 장식한 뒤 하트 비즈를 접착제로 붙인다.

가죽은 글루건으로 고정하기 힘들다. 가죽과 플라스틱 모두 붙일 수 있는 allplast 접착제를 사용하면 메탈, 가죽, 플라스틱 등 대부분의 소재를 붙일 수 있다. 접착제를 바른 뒤 12시간은 지나야 고정이 되므로 만지지 말고 그대로 말리는 것이 좋다.

3 플라스틱 꽃 장식을 몸통에 접착제로 붙인다.

4 핀 대에 접착제를 바른 뒤 가죽 토끼 뒷면에 부착한다.

6

서머 타임

시원한 바람과 바다, 그리고 파도… 여름의 행복한 느낌을 코르사주에 담았어요.
블루 원단 몇 종류와 블루 리본을 겹쳐 만들었더니 즐거웠던 여름휴가가 떠오릅니다.
깨끗한 화이트 면 티셔츠와 잘 어울리는 아이템이에요.

MATERIAL

블루 도트·스트라이프·체크·플라워 패턴 워싱 린넨 **약간씩**
5가지 블루 톤 스티치 장식 골지 리본 **약간씩**
1.8㎝ 옐로 단추 **1개**
옐로 실 **약간**
3㎝ 코르사주핀 대 **1개**
가위
글루건

코르사주의 맨 위에 올릴 원단에 가윗집을 넣으면 생동감을 더해 준다. 일정한 간격으로 가윗집을 넣는 것이 좋으며 너무 안쪽까지 깊게 가윗집을 넣으면 자칫 분리될 수 있으므로 0.5㎝ 이상 간격을 두고 가윗집을 넣는다.

1 린넨 원단은 지름 7.5㎝, 5.5㎝, 4.3㎝, 3.7㎝의 원형으로 4장 재단한다. 3.7㎝ 원형은 가장자리에 가윗집을 넣는다.

2 7.5㎝ 원단 위에 5.5㎝와 4.3㎝ 원단을 겹치게 올린 뒤 맨 위에 3.7㎝ 원단을 중앙에 올리고 실로 가운데를 1땀 바느질한다.

3 옐로 단추를 가운데 올려서 단다.

4 리본은 10㎝ 길이로 7줄 자른 뒤 원단 뒷면에 글루건으로 붙인 다음 코르사주핀 대로 덮어서 붙인다.

TWO

POINT ACCESSORY

선선한 봄과 가을의 스카프, 여름의 멋내기용 네크라인 장식과 케이프, 겨울의 포근한 머플러와 워머까지, 엄마가 직접 고른 패브릭으로 만들면 안심하고 입힐 수 있어요. 보온 효과를 주어서 아이의 건강까지 챙길 수 있는 포인트 액세서리, 엄마가 직접 만들어 주세요.

1 앤티크 케이프

망사와 레이스 자투리가 남았을 때 그냥 버리지 말고 케이프를 만들어 보세요.
옷 위에 포인트로 둘러 주어도 좋고 밋밋한 원피스나 티셔츠와 함께 입으면
더욱 사랑스러워요.

MATERIAL

아이보리 레이스 망사 **폭 5㎝ 길이 43㎝**
아이보리 레이스 **폭 8.5㎝ 길이 43㎝**
베이지 바이어스 **126㎝**
옐로 꽃 모양 단추 **1개**
화이트 실 **적당량**
시침핀
바늘
가위

1 레이스와 망사는 같은 길이로 준비한다.

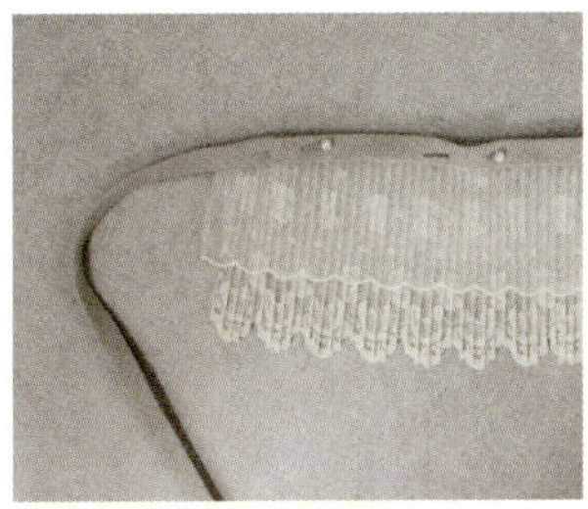

2 레이스 위에 망사를 올린 뒤 시접 부분에 바이어스를 대고 시침핀으로 고정한다.

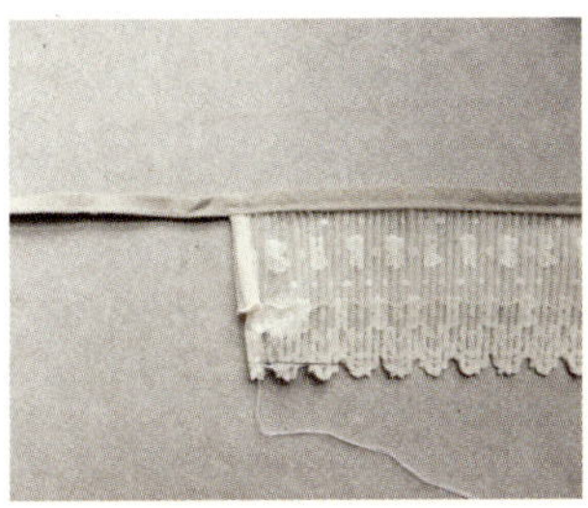

3 바이어스 부분에 박음질을 한 뒤 안쪽으로 접히는 레이스 부분도 살짝 안으로 접어 넣어 박음질한다.

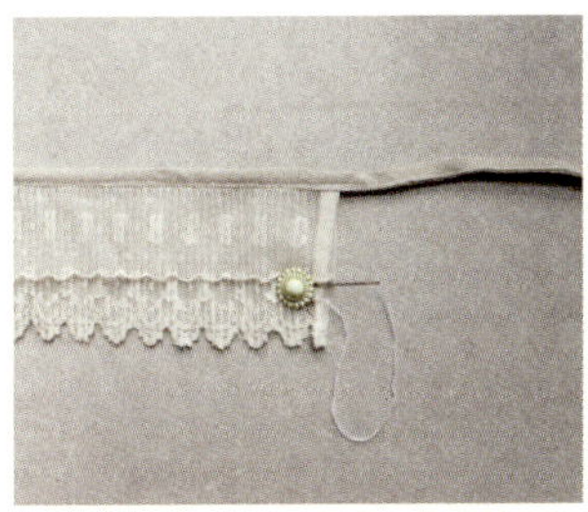

4 꽃 모양 옐로 단추를 케이프 밑 부분에 단다.

바이어스를 끝까지 박음질해서 끈으로 사용할 수 있게 만든다. 바이어스 양 끝은 안쪽으로 접어 넣고 박음질해야 깨끗하게 마무리할 수 있다.

2

펠트 트리

나뭇잎 모양의 펠트를 연결했더니 산뜻한 스타일의 스카프가 되었어요.
컬러풀한 펠트 트리는 묶어 주기만 되므로 벨트로도, 목걸이로도 사용할 수 있는
멀티 아이템입니다. 어떤 룩에나 강렬한 포인트가 되지요.

MATERIAL

0.2㎝ 펠트
(핑크·바이올렛·라이트 블루·다크 블루·그린) **적당량씩**
블루 실 **적당량**
바늘
가위

나뭇잎 모양의 펠트를 재단할 때 크기를 조금씩 다르게 하면 더 생동감이 있다. 펠트를 연결할 때 서로 다른 컬러와 스티치 모양의 나뭇잎을 조금씩 어긋나게 붙이면 더욱 재미있다.

1 5가지 컬러의 펠트에 5㎝ 길이의 나뭇잎 모양을 각각 4~6개씩 재단한다.

2 펠트의 중앙에 블루 실로 0.3㎝ 간격으로 스티치를 한다.

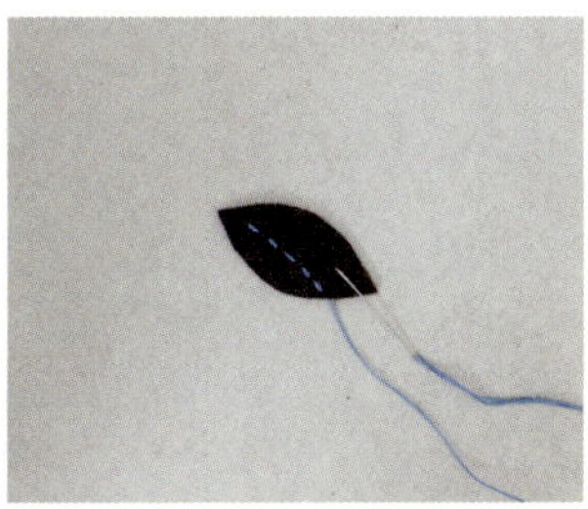

3 펠트에 사선 모양이나, 타원형 모양으로 스티치를 놓아 가며 스티치 모양에 조금씩 변형을 준다.

4 컬러가 다른 펠트끼리 모서리 부분을 서로 겹쳐서 1땀 박음질해 연결한다.

3

도트 스카프

아이들이 좋아하는 오렌지 컬러와 도트 무늬가 만났어요.
폼폼과 레이스로 장식을 더해 아기자기한 멋을 낸 스카프는 어떤 의상에나
훌륭히 소화할 수 있는 베스트 아이템이랍니다.

MATERIAL

오렌지 도트 원단 리본 **폭 7㎝ 길이 100㎝**
오렌지 주름 레이스 **폭 5㎝ 길이 28㎝**
오렌지 폼폼 **2개**
오렌지 실 **적당량**
시침핀
바늘
가위

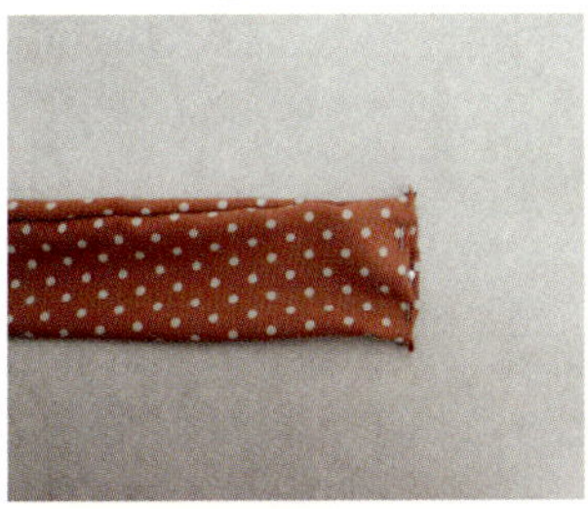

1 원단 리본을 뒤집은 뒤 입구에 시접 부분을 안쪽으로 0.5㎝ 정도 접어 넣고 시침핀으로 고정한다.

2 주름 레이스를 7㎝씩 2장 자른 뒤 1㎝ 간격을 띄우고 겹쳐서 중앙 부분을 바느질로 고정한다. 같은 방법으로 1세트 더 만든다.

3 스카프의 시접 안쪽에 ②의 레이스를 넣고 촘촘하게 박음질한다.

4 폼폼을 밑단에 사선으로 어긋나게 올리고 바느질로 고정한다.

원단 리본 대신 실크 원단을 잘라서 사용해도 좋다. 원단이 얇으므로 레이스와 함께 박음질을 할 때 울지 않도록 주의한다.

4

핑크 레이디

때로는 네크라인에 살짝 두른 케이프가 목걸이보다 더 강렬한 포인트가 되지요.
모티브의 목둘레와 밑단에 핑크 컬러를 장식해 로맨틱한 무드를 한껏 더한 케이프.
빈티지 단추로 장식한 옷핀으로 살짝 고정해 주면 새침한 숙녀 스타일 완성!

MATERIAL

화이트 면 모티브 **1개**
옷핀형 코르사주핀 대 **1개**
그린·카키 단추 **1개씩**
면 공단 핑크 리본 **폭 0.3㎝ 길이 40㎝**
핑크 체크 바이어스 **폭 1㎝ 길이 37㎝**
화이트 실·그린 실 **약간씩**
바늘
시침핀
가위
e6000

1 모티브의 밑단에 핑크 리본을 통과시킨 다음 양 끝을 1땀 바느질해 고정한다.

2 모티브 윗부분에 핑크 바이어스를 대고 박음질한다. 양 끝에 남은 바이어스는 안으로 접어 넣어서 박음질한다.

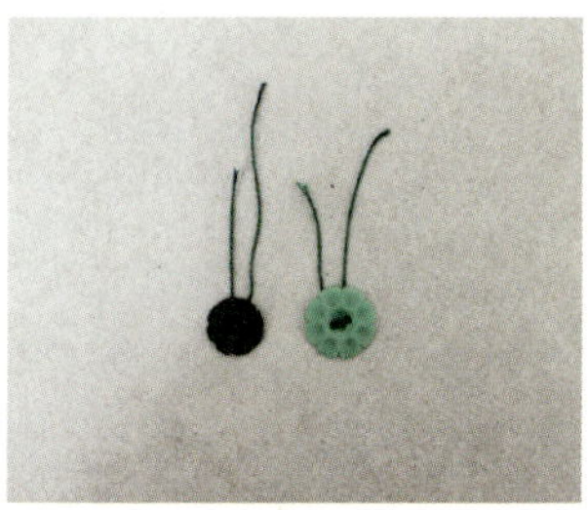

3 단춧구멍에 그린 실을 넣고 매듭짓는다.

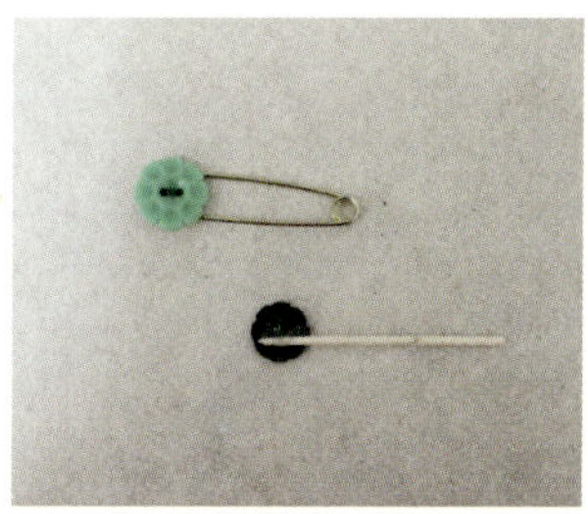

4 코르사주핀 대에 e6000을 바르고 그린 단추를 붙인 다음 살짝 겹치게 카키 단추를 붙인다. 모티브를 여밀 때 옷핀을 사용한다.

밑단에 장식한 핑크 리본이 쉽게 빠지지 않도록 모티브 중간 중간에 1땀 바느질로 고정해 주어도 좋다.

5

플라워 워머

꽃이 핀 것처럼 풍성한 털실 리본과 폭신한 보아 원단으로 색다른 워머가 탄생되었어요. 빈티지 단추로 쉽게 여닫을 수 있어 실용적인 워머는 겨울철 아이의 팔을 따뜻하게 할 든든한 아이템이 될 거예요.

MATERIAL

화이트 털실 리본 24㎝
핑크 소프트 퍼 원단·그레이 다이마루 원단 8×18㎝씩
화이트 니트 바이어스 60㎝
화이트 빈티지 단추 2개
화이트 실 적당량
시침핀
바늘
가위

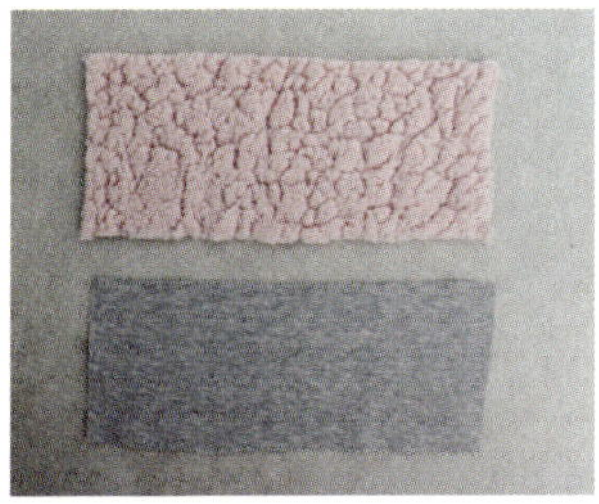

1 그레이 원단과 핑크 원단을 각각 사이즈대로 준비한다.

2 그레이 원단 위에 핑크 원단을 올린 뒤 가장자리에 니트 바이어스를 대고 시침핀으로 고정한다.

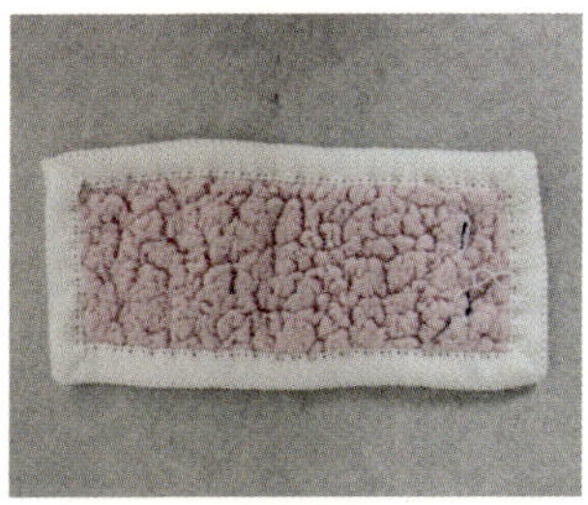

3 네 면을 모두 박음질한 다음 단춧구멍 자리에 칼집을 내고 화이트 실로 촘촘하게 버튼홀 스티치를 한다.

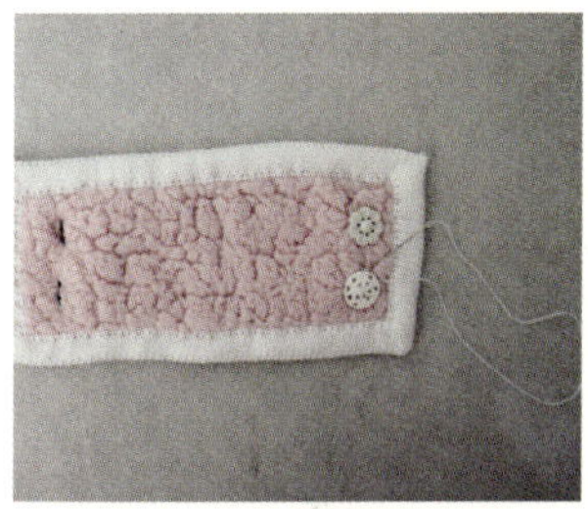

4 단춧구멍과 맞물릴 자리에 단추를 단다.

5 털실 리본을 돌돌 만 뒤 밑 부분에 바느질해 고정한다.

6 워머의 중앙에 털실 리본을 1땀 바느질한다.

단춧구멍은 단추 사이즈보다 0.2~3㎝ 정도 여유가 있게 내는 것이 좋다. 단추의 볼륨이 있을수록 단춧구멍을 여유 있게 만들어야 한다.

6 윈터 드림

머플러를 집에서 생각보다 쉽게 만들 수 있어요.

집에 있는 폭신한 겨울 원단이나 니트 소재의 헌옷을 오려서 원단으로 활용해도 좋습니다.

아이가 좋아하는 빨간 코트나 망토에 둘러 주세요. 눈처럼 흰 백설공주가 부럽지 않아요.

MATERIAL

화이트 퍼 원단 20×110㎝
베이지 벨벳 리본 폭 1.8㎝ 길이 110㎝
빅 사이즈 밍크 볼 1개
핑크 실 적당량
시침핀
바늘
가위

리본을 묶어서 여미는 스타일. 리본이 튼튼할 수 있도록 두꺼운 벨벳 소재를 사용하면 안정적이다. 리본은 머플러 안쪽으로 깊숙이 넣고 꼼꼼하게 박음질을 해야 끈이 쉽게 떨어지지 않는다.

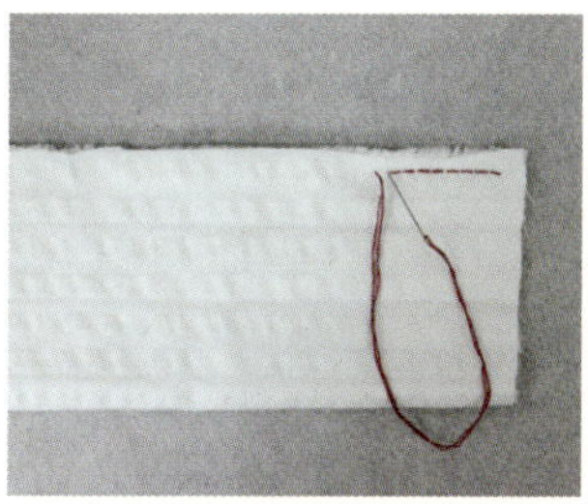

1 퍼 원단을 뒤집어서 길이로 반 접은 뒤 박음질한다.

2 벨벳 리본은 반으로 잘라 2줄로 만든다.

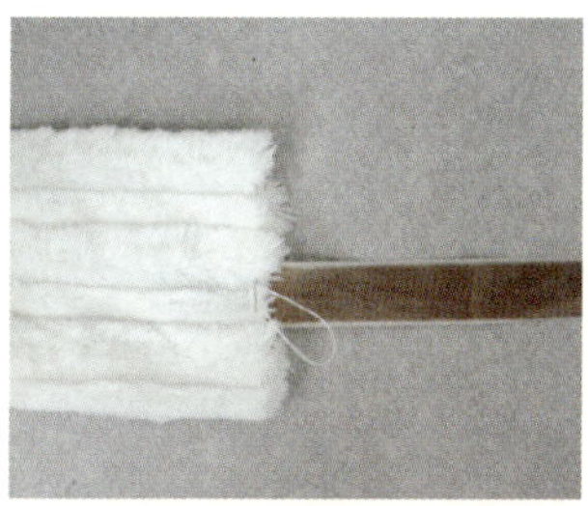

3 퍼 원단을 뒤집은 뒤 양쪽 입구에 시접 선으로 0.5㎝ 정도 접어 넣은 다음 벨벳 리본을 중앙에 넣고 함께 박음질한다.

4 밍크 볼을 바느질해서 머플러에 달아 준다.

SPECIAL ACCESSORY 18

PART 4

VISION
DING
VALS

ONE

SPECIAL DAY

입학식, 연주회, 웨딩, 생일, 크리스마스… 평소와 다른 날에는 아이가 조금 더 예쁘게 보였으면 좋겠어요. 때로는 요정처럼, 때로는 공주님처럼, 아이가 조금 더 특별해지는 액세서리를 세상에 단 하나뿐인 스타일로 엄마가 직접 만들어 주세요.

1 블랙 페도라

특별한 날에 어울리는 화려한 블랙 리본 모자예요.
화려하면서도 격식이 있어서 연주회나 결혼식 같은 날에 특히 잘 어울립니다.
블랙으로 컬러를 통일하고 실버로 악센트를 주어서 고급스러운 느낌을 더했어요.

MATERIAL

블랙 레이스 리본 **폭 14㎝ 길이 90㎝**
블랙 오건디 리본 **폭 12㎝ 길이 90㎝**
실버 스트링 **30㎝**
퍼플 공단 리본 **폭 1㎝ 길이 15㎝**
미니 블랙 모자 **1개**
5㎝ 집게핀 대 **1개**
철사·블랙 접착테이프 **약간씩**
가위
글루건

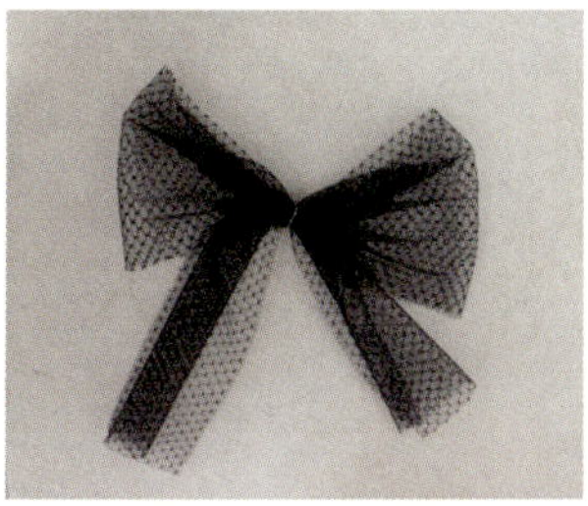

1 레이스 리본을 잡고 양쪽에 루프를 만든 뒤 중심에 주름을 잡아서 철사로 고정한다.

2 오건디 리본은 반 접은 뒤 다시 안으로 접고 철사로 고정해 기본형 리본을 만든다.(p.20 만드는 법 참고)

3 레이스 리본 위에 오건디 리본을 겹친 뒤 실버 스트링으로 3번 감아서 접착테이프로 고정한다.

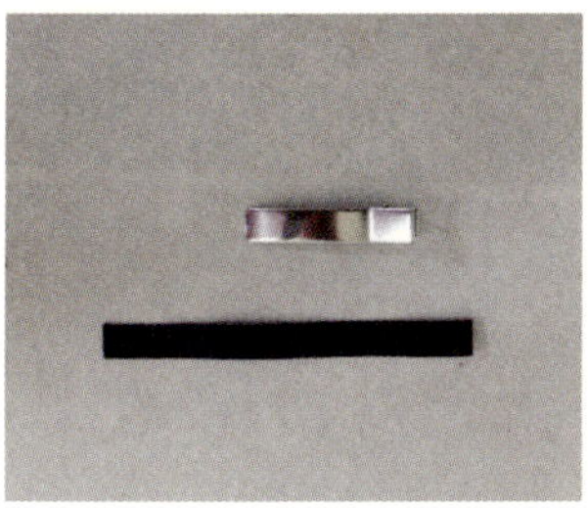

4 집게핀 대에 퍼플 리본을 글루건으로 감싸 붙인다.

5 미니 모자의 중앙 밑면에 집게핀의 손잡이 부분을 글루건으로 고정한다.

6 모자의 챙 부분에 ③의 블랙 리본을 글루건으로 붙인다.

집게핀으로 머리에 모자를 고정하는 스타일. 아이의 머리숱이 풍성하지 않다면 집게 핀을 모자에 2개 정도 부착하는 것이 안전하다.

2 엔젤 리스

로맨틱한 무드의 상징인 화관. 결혼식에 화동으로 갈 때나 특별한 자리에 참석할 때 아이의 머리에 살짝 올려 주세요. 천사처럼 귀엽고 사랑스러워집니다.

MATERIAL

조화 로핑 **150㎝**
옐로 공단 리본 **폭 0.8㎝ 길이 12㎝**
화이트 장미 **6송이**
피치 장미 **2송이**
그린 수국 **약간**
그린 양면 리본 **폭 2㎝ 길이 60㎝**
3.5㎝ 집게핀 대 **2개**
가위
니퍼
글루건

1 로핑은 15㎝ 정도 지름의 원형이 되도록 둥글게 말아서 화관 모양을 만든다.

2 로핑의 끝에 그린 리본으로 2번 정도 감싼 뒤 리본 모양으로 매듭짓는다.

3 조화는 붙이기 편하도록 니퍼로 꽃대를 바짝 자른다.

4 화관의 상단 윗부분에 장미와 수국을 글루건으로 붙인다.

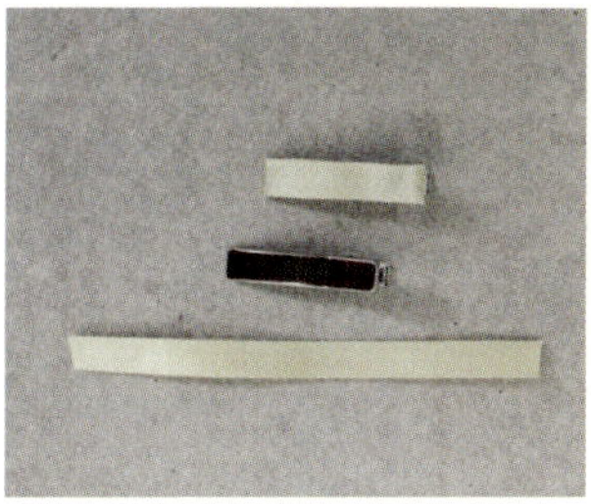

5 집게핀 대에 옐로 리본을 감싸고 글루건으로 고정한다.

6 화관 뒷면의 양쪽에 집게핀을 글루건으로 붙인다.

줄기에 부드러운 철사가 들어 있어서 쉽게 구부러지는 로핑은 리스, 행잉 장식을 할 때 자주 이용된다. 와이어처럼 줄기를 감아 주면서 형태를 잡아 가면 튼튼하게 마무리할 수 있다.

3

앤티크 코르사주

격식이 있는 자리에 가는 날, 재킷이나 원피스에 와펜이나 코르사주를 달아 주세요.
크게 신경 쓴 것 같지 않으면서도 은근한 멋이 느껴집니다.
깃털, 카메오와 같은 소재로 색다른 느낌을 주었어요.

MATERIAL

블랙 공단 리본 폭 2.5cm
길이 50cm
브라운 깃털 2개
카메오 1개
카메오 펜던트 1개
앤틱 골드 메탈 줄 25cm
O링 4개
3cm 코르사주핀 대 1개
양면테이프·철사 약간씩
펀치
집게
니퍼
글루건

1 리본으로 고리를 만든 뒤 사선으로 고리를 2개 더 만들어 중심을 주름잡은 뒤 철사로 고정한다.(p.20 만드는 법 참고)

2 카메오와 펜던트를 글루건으로 붙이고 카메오 뒷면에 깃털을 엇갈리게 붙인다. 블랙 리본 위에 깃털 장식 카메오를 붙인다.

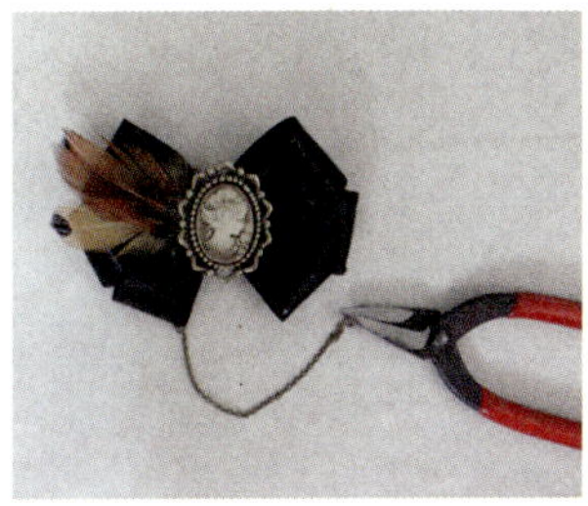

3 펀치로 리본 4개의 모서리 부분에 구멍을 뚫은 뒤 O링과 줄을 연결한다.

4 리본 뒷면에 코르사주핀 대를 글루건으로 붙인다.

맨 밑의 마주보는 리본에 연결할 줄은 짧게, 그 위의 리본 2개에 연결할 줄의 길이는 길게 하여 자연스럽게 늘어질 수 있도록 길이를 조절해 주어야 한다.

4

진주 토끼

여자아이들이 가장 좋아하는 토끼를 응용해서 헤어밴드를 만들어 보았어요. 작은 진주 장식으로 깜찍함을 더한 스타일로, 친구들이 부러워할 만큼 멋지게 꾸밀 수 있어요.

5

크리스마스 루돌프

크리스마스의 상징은 뭐니뭐니 해도 루돌프와 산타 할아버지이죠. 루돌프 뿔을 헤어밴드에 장식해 크리스마스 분위기를 한껏 내 보았어요. 루돌프 헤어밴드로 멋을 부리고 즐거워할 아이에게 올 크리스마스에는, 무언가 색다른 일이 일어날 것 같아요.

진주 토끼

MATERIAL

진주 80㎝ **분량**
아이보리 벨벳 리본 **폭** 1.5㎝ **길이** 45㎝
핑크 스웨이드 리본 **폭** 0.8㎝ **길이** 30㎝
1㎝ 플라스틱 헤어밴드 **1개**
와이어 100㎝
양면테이프 **약간**
가위
니퍼
글루건

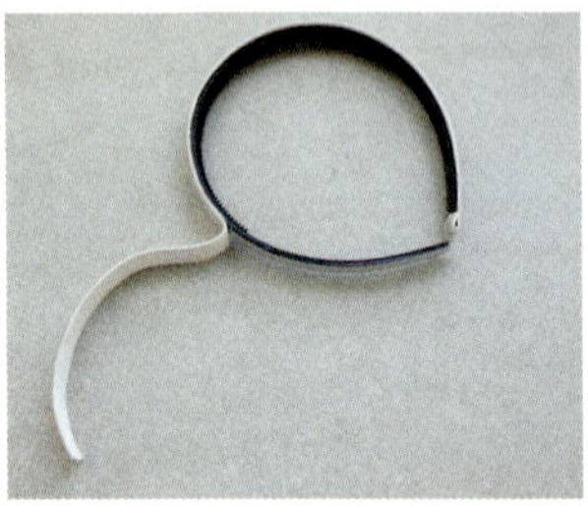

1 헤어밴드 윗면에 양면테이프를 붙인 뒤 벨벳 리본을 전체적으로 감싼다. 양 끝은 안쪽으로 1㎝ 정도 안쪽으로 붙인다.

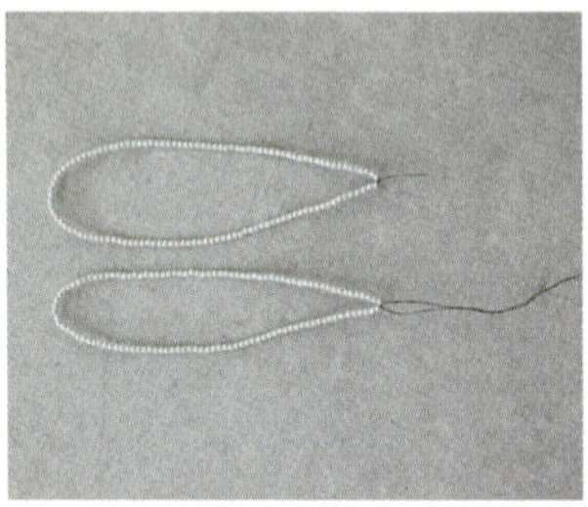

2 50㎝ 길이로 와이어를 2줄 자른 뒤 40㎝ 정도 진주를 끼운 뒤 매듭짓는다.

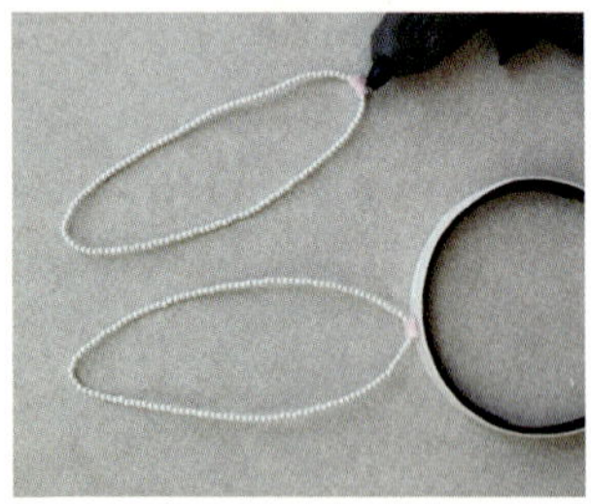

3 스웨이드 리본으로 와이어를 감싸서 글루건으로 붙인 다음 헤어밴드 위에 붙인다.

4 스웨이드 리본으로 헤어밴드와 진주를 함께 2번 정도 감은 뒤 글루건으로 고정한다.

토끼 귀가 쫑긋하게 서 있는 것이 포인트. 크기가 작고 가벼운 진주를 선택해야 축 처지지 않고 제대로 서 있을 수 있다. 가늘고 가벼운 와이어의 경우 2겹을 함께 사용해 진주를 연결하는 것이 좋다.

크리스마스 루돌프

MATERIAL

레드 털 원단 **12×16㎝ 4장**
3㎝ 플라스틱 헤어밴드 **1개**
삼색 스트라이프 단추 **2개**
그린 스트라이프 패턴 리본
폭 1㎝ 길이 180㎝
레드 실 **적당량**
양면테이프·블랙
접착테이프·방울솜 **약간씩**

기화성 펜
시침핀
바늘
가위
글루건

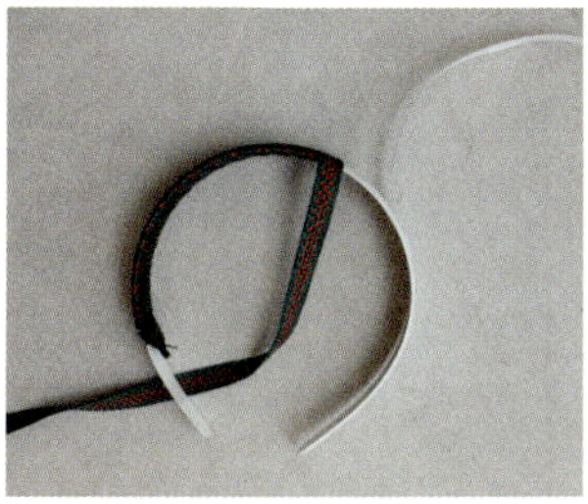

1 헤어밴드에 양면테이프를 앞뒤로 붙인 뒤 리본을 사선으로 감아 가며 붙인 다음 양 끝에 접착테이프를 감아 고정한다.

2 원단의 바깥쪽끼리 맞대고 기화성 펜으로 루돌프 뿔 모양을 그린다.

3 도안대로 자른 다음 0.5㎝ 정도 떨어져 5㎝ 정도 창구멍을 남기고 박음질한다.

4 원단을 뒤집어 방울솜을 넣은 뒤 창구멍을 감침질해서 막는다. 같은 방법으로 1개 더 만든다.

5 헤어밴드의 중앙에 글루건으로 루돌프 뿔을 2개 붙인다.

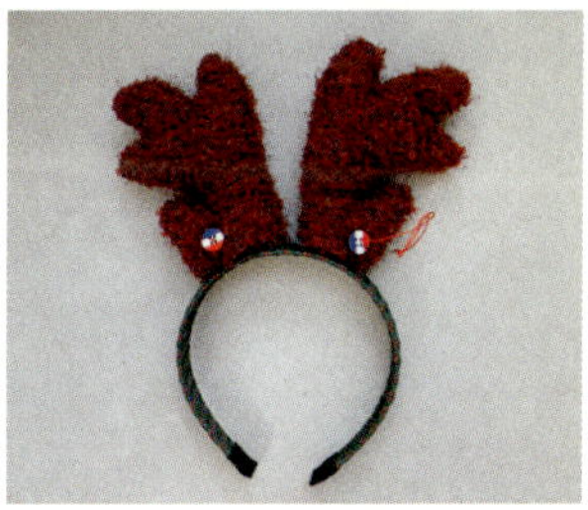

6 뿔의 하단에 스트라이프 단추를 달아 준다.

방울솜을 풍성하게 넣어야 헤어밴드를 썼을 때 볼륨이 있어서 더 예쁘다. 뿔 아래쪽에 솜을 충분히 넣어야 뿔이 안정적으로 서 있을 수 있다.

6

버스데이 크라운

아이가 주인공이 되는 생일, 조금 더 특별하게 꾸며 주고 싶은 것이 엄마의 마음이죠. 평소에 잘 사용하지 않는 깃털, 보석과 같은 소재를 이용해서 색다른 액세서리를 만들어 주세요. 깃털로 잔뜩 장식된 왕관을 쓴 아이는 하루 종일 즐거워 할 거예요.

MATERIAL

0.3㎝ 와인 펠트 폭 2.5㎝ 길이 60㎝
깃털 테이프 50㎝
3㎝ 원형 비즈 1개
2㎝ 원형 비즈 2개
큐빅 리본 폭 1.3㎝ 길이 50㎝
벨크로 1쌍
가위
글루건

1 와인 펠트 안쪽의 양쪽 가장자리 5㎝씩을 제외한 부분에 글루건으로 깃털 테이프를 붙인다.

2 양쪽 가장자리에 벨크로를 붙인다.

3 펠트 바깥쪽 상단 부분에 큐빅 리본을 글루건으로 붙인다.

4 펠트 바깥쪽 상단 부분에 큐빅을 글루건으로 붙인다.

벨크로를 사용하면 쉽게 쓰고 벗을 수 있고 사이즈 조절도 가능하다. 깃털은 리본 테이프 모양으로 되어 있는 것을 구입해서 사용하면 일일이 하나씩 붙일 필요가 없어 편리하다.

7

홀리데이 헤어핀

한복이나 공단 드레스에는 잘 어울리는
액세서리를 의외로 찾기 힘들죠.
설날, 추석과 같은 내셔널 홀리데이에 어울리는
액세서리를 소개합니다.

MATERIAL

핑크·퍼플 자수 장식 공단 리본 **폭 3.8㎝ 길이 40㎝씩**
블루 자수 장식 공단 리본 **폭 2.2㎝ 길이 20㎝**
옐로 면 공단 리본 **폭 0.7㎝ 길이 10㎝**
골드 메탈 꽃 **2개**
레드 원석 **2개**
6㎝ 자동핀 대 **2개**
핑크·레드 수술 장식 **1개씩**
블루 실·철사 **약간씩**
바늘
시침핀
가위
글루건

1 퍼플 공단 리본을 왼손에 10㎝ 안쪽으로 접어 넣은 뒤 오른쪽으로 5㎝ 간격으로 접는다. 점차 간격을 줄여가며 어슷하게 접어서 모양을 만든 다음 시침핀으로 고정한다.

2 핑크 공단 리본도 같은 방법으로 만든 뒤 맨 윗부분에 실로 1땀 바느질해 고정한다.

3 블루 공단 리본을 10㎝ 길이로 2줄 자른 뒤 기본형 리본을 2개 만든 다음 옐로 리본을 감아서 글루건으로 고정한다.(p.20 만드는 법 참고)

4 공단 리본 위에 블루 리본을 바느질해 고정한다.

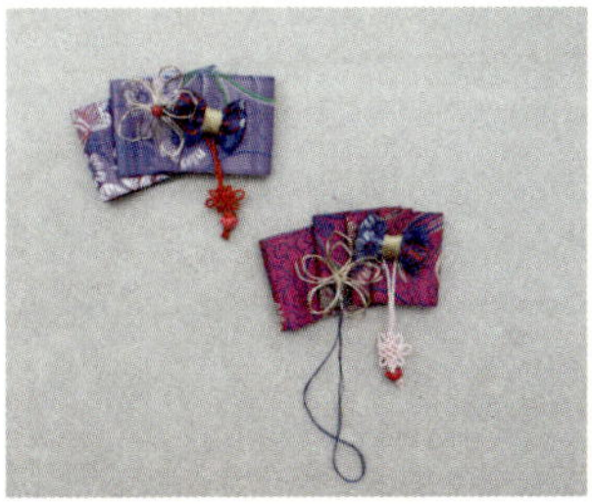

5 블루 리본 위에 수술 장식을 걸고 메탈 꽃과 레드 원석을 바느질한다.

6 자동핀을 공단 리본 뒷부분에 글루건으로 붙인다.

블루 리본이나 메탈 꽃, 원석은 리본의 상단 부분에 바느질해 고정한다. 리본 전체를 통과해 바느질하면 뒷면이 지저분해지고 리본의 볼륨도 살지 않는다.

TWO

BOY ACCESSORY

남자아이들은 아무래도 꾸미기에 소홀해지기 쉽죠. 예쁜 액세서리도 여자 아이만큼 많지 않아서 구입하기도 까다롭고요. 남자아이도 엄마의 손길에 따라 얼마든지 스타일리시해 질 수 있습니다. 보타이, 목걸이, 팔찌… 매일 악센트를 준 액세서리를 하나씩 더해 준다면 유치원에서 아이돌보다 더 인기 많은 아이가 될 거예요.

1

꿀벌 보타이

꿀벌을 연상시키는 옐로와 블랙의 조화가 산뜻해 보여요.
베이식한 셔츠나 밋밋한 컬러의 상의에 포인트를 줄 때 좋습니다.
니트 소재의 보타이는 얌전하면서 고급스러운 느낌을 주지요.

MATERIAL

옐로 니트 원단 리본 **폭** 5cm **길이** 25cm
블랙 벨벳 리본 **폭** 2cm **길이** 45cm
0.8cm 블랙 단추 **1개**
블랙 고무줄 **폭** 2.5cm **길이** 7cm
연결 고리 **1쌍**
양면테이프·철사·옐로 브라운 실 **약간씩**
가위
바늘
글루건

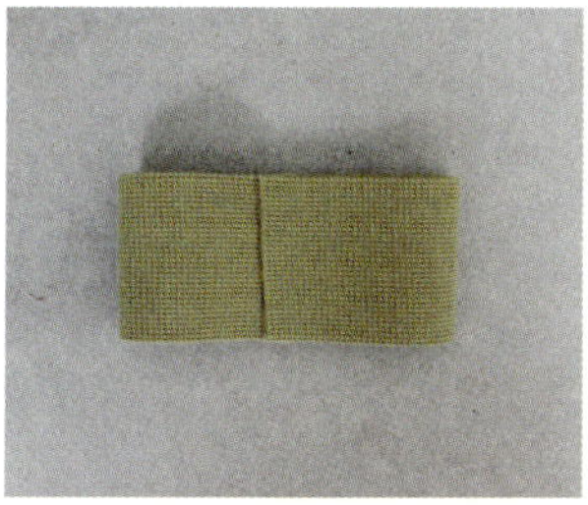

1 옐로 리본을 가운데로 접은 뒤 양면 테이프를 붙인다.

2 리본 중앙을 주름잡아서 철사로 고정한다.

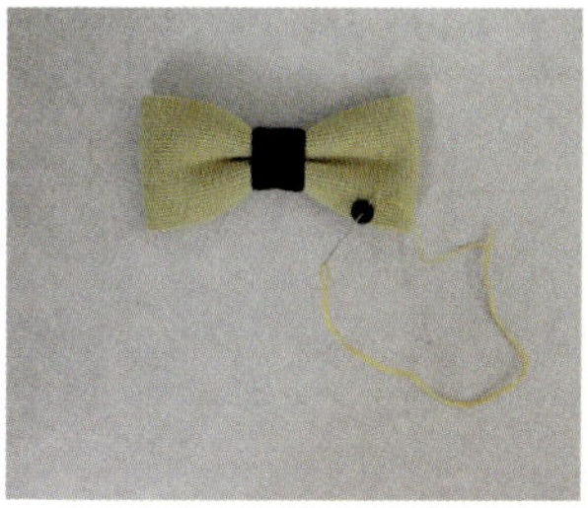

3 오른쪽 하단에 블랙 단추를 단다.

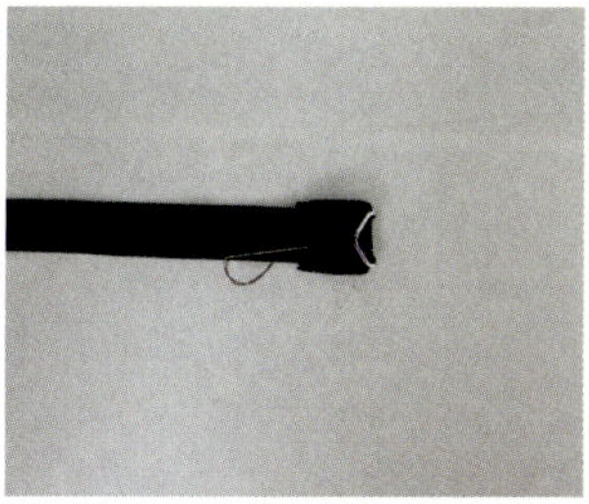

4 블랙 벨벳 리본을 30cm 길이로 자른다. 고무줄에 연결고리를 끼운 뒤 반 접어서 리본의 안쪽 끝에 대고 박음질한다.

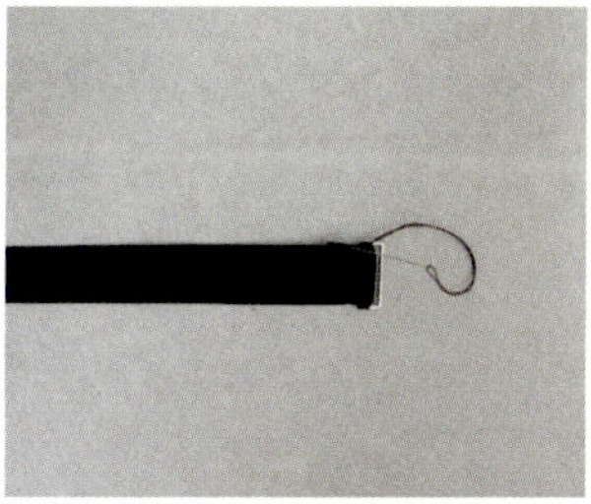

5 반대쪽 리본을 사각 연결고리에 끼운 뒤 안으로 접어 넣고 박음질한다.

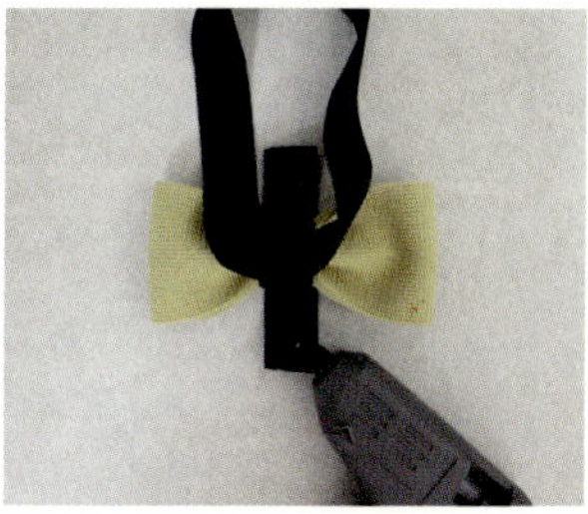

6 옐로 리본의 뒷면에 블랙 리본의 중심을 대고 나머지 블랙 리본으로 함께 감아서 글루건으로 붙인다.

고무줄을 리본에 덧대면 신축성이 있어서 착용이 편리하다. 미리 아이의 목둘레를 잰 뒤 목둘레에 맞게 리본 양을 준비하고 그보다 3cm 정도 더 길어지도록 고무줄의 길이를 가늠하면 적당하다.

2

스마트 와펜

와펜은 남자아이를 조금 더 시크하게 만들어 주는 아이템이죠.
재킷이나 셔츠에 슬쩍 단 와펜은 개구쟁이 아이도 듬직하고 남자답게 보이게 해요.
남자아이들이 좋아하는 휘장이나 장식을 달아 주세요.

MATERIAL

퍼플 모직 리본 5×7㎝
카키·머스터드 지퍼 7㎝씩
휘장 브로치 1개
옐로 단추 1개
1.6㎝ 코르사주핀 대 1개
피치 실 약간
바늘
가위
글루건

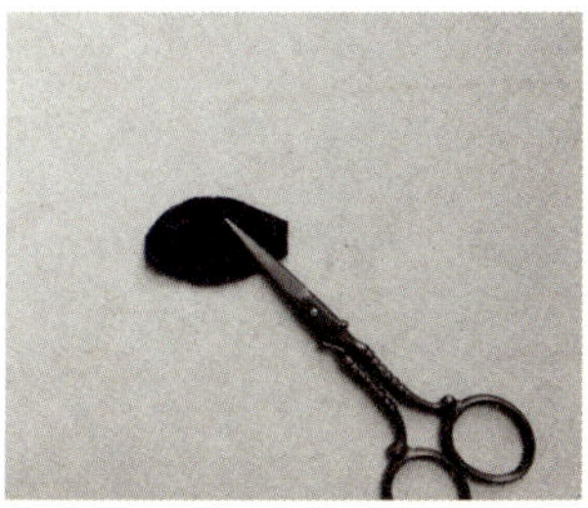

1 퍼플 모직 리본은 타원형으로 자른다.

2 지퍼를 ㅅ자 모양으로 어긋나게 겹쳐서 글루건으로 모직 리본의 뒷면에 붙인다.

3 리본 앞면에 휘장 브로치와 단추를 단다.

4 리본 뒷면에 코르사주핀 대를 글루건으로 붙인다.

지퍼를 잘라서 포인트를 주면 조금 더 색다르다. 지퍼는 서로 컬러나 톤이 조금씩 다른 것을 사용하는 것이 더 멋스러워 보이며, 지퍼 고리 등을 함께 장식해도 좋다.

3

클래식 와펜

차도남 스타일의 와펜이에요.
스웨이드, 큐빅 장식, 가죽, 앤티크 단추 등 세련된 소재를 사용했습니다.
핀으로 된 브로치가 아니라 집게 타입이라 어디에나 편하게 착용할 수 있어요.

MATERIAL

브라운 스웨이드 양면 리본 **폭 3.2㎝ 길이 20㎝**
골드 큐빅 리본 **폭 1.3㎝ 길이 10㎝**
브라운 가죽 리본 **폭 0.8㎝ 길이 10㎝**
아이보리 보석 단추 **1개**
3.5㎝ 블랙 집게 **1개**
양면테이프 · 화이트 실 **약간씩**
가위
글루건

1 양면 리본을 삼각 모양으로 접는다.

2 남은 반대편 리본으로 삼각 모양을 한 번 더 접는다.

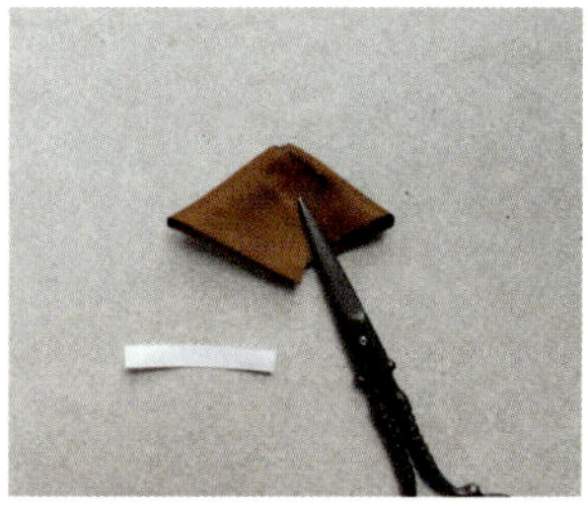

3 리본의 뒷면을 양면테이프로 고정한다.

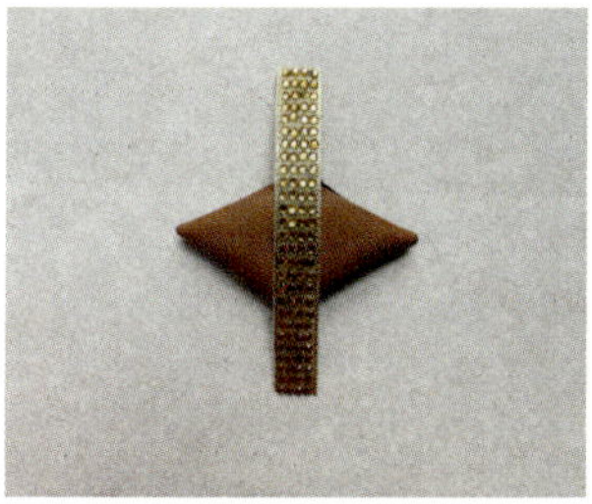

4 리본의 앞면에 골드 큐빅 리본을 대고 감싸서 양면테이프로 고정한다.

5 단추를 골드 리본의 중심에 대고 바느질한다.

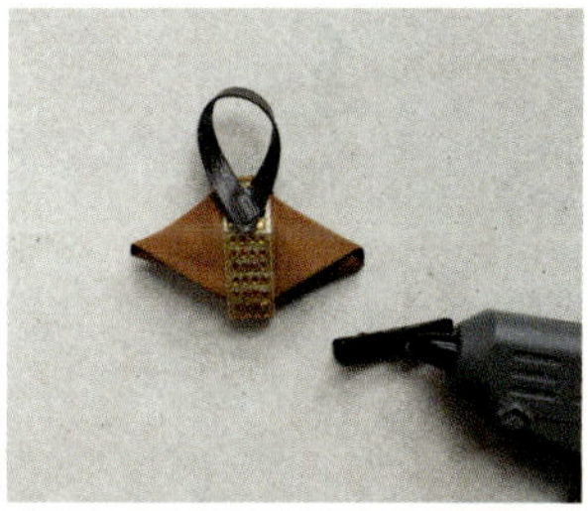

6 리본의 뒷면 상단에 가죽 리본을 삼각 모양으로 **붙인 다음 블랙 집게를 글루건으로 붙인다.**

삼각 모양의 리본을 2개 만들면 마름모 꼴로 완성된다. 양 모서리에 구멍이 생기지 않도록 리본을 당겨 가며 삼각 모양을 잡아 주어야 찌그러지지 않고 똑바른 마름모 모양을 만들 수 있다.

4 체인 목걸이

아이와 함께 만드는 재미를 느낄 수 있는 목걸이입니다.
가는 플라스틱 체인을 여러 개 연결해서 만든 체인 목걸이와 가죽 스트링을 함께 레이어드하는 스타일로, 가볍고 경쾌해서 놀이터나 놀이공원에서 아이가 뛰어놀 때 착용해도 부담스럽지 않아요.

MATERIAL

플라스틱 체인(화이트·옐로·오렌지·퍼플·블랙·블루) 50개
레드 가죽 줄 65㎝
레드 안경 모양 플라스틱 1개
가위

1 5가지 컬러의 플라스틱 체인을 컬러가 겹치지 않도록 순서대로 연결한다.

2 50개를 모두 연결해 목걸이를 만든다.

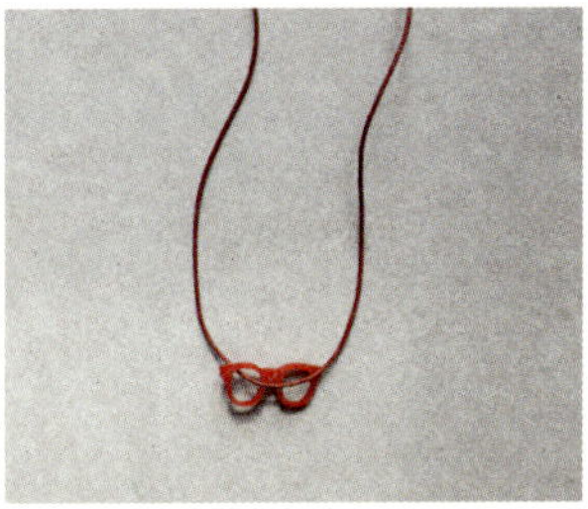

3 레드 줄에 안경 장식을 연결한다.

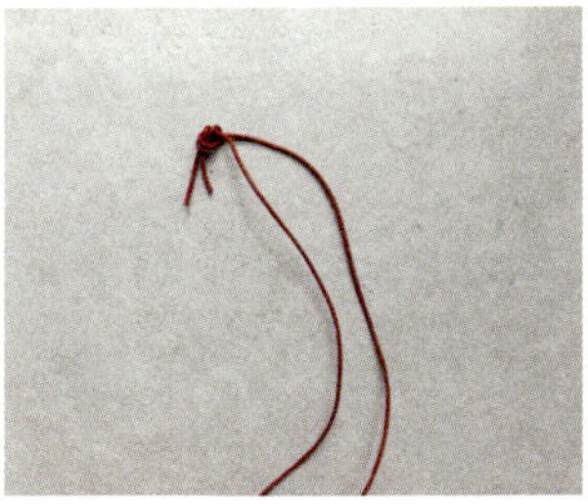

4 레드 줄의 입구를 매듭짓는다.

체인 목걸이는 짧은 것보다 긴 스타일이 더 생동감을 준다. 체인보다 가죽 줄의 길이를 더 길게 만들어 서로 언밸런스하게 늘어지게 하는 것이 멋스럽다.

5

타이거 보타이

늘 입는 기본 아이템에 보타이 하나만 두르면 금세 특별한 룩이 되지요. 아이는 물론 엄마까지 덩달아 센스 있는 엄마로 소문날 거예요. 보타이는 끈 대신 핀으로 마무리해도 편리하지만 보타이와 같은 원단으로 끈을 만들어 주면 더욱 고급스러운 느낌을 줄 수 있어요.

6

트위스트 베어

아이들이 좋아하는 곰돌이 장식을 펜던트로 사용했어요. 리본을 달았더니 곰펜던트가 더욱 깜찍해 보여요. 발랄한 분위기를 연출하고 싶을 때 좋은 아이템이랍니다.

타이거 보타이

MATERIAL

호피 패턴 원단 **폭 10㎝**
길이 75㎝
벨크로 **1쌍**
양면테이프·철사 **약간씩**
가위
글루건

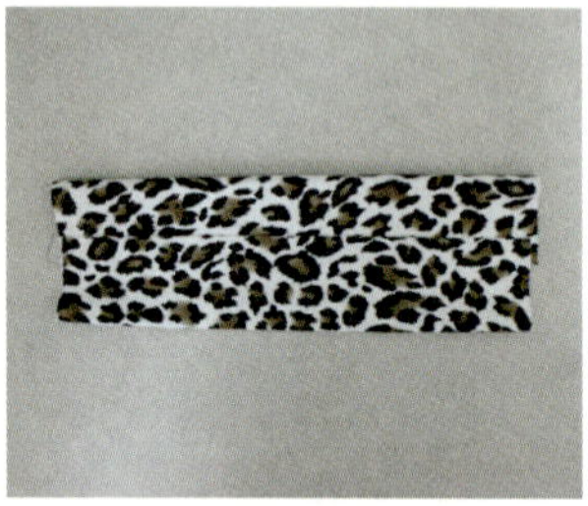

1 원단을 24㎝ 길이로 자른 다음 가로로 접어서 양면테이프를 붙인다.

2 원단을 다시 안쪽으로 접은 뒤 주름을 잡아서 철사로 고정하고 네 모서리를 접어 넣고 글루건으로 붙인다.

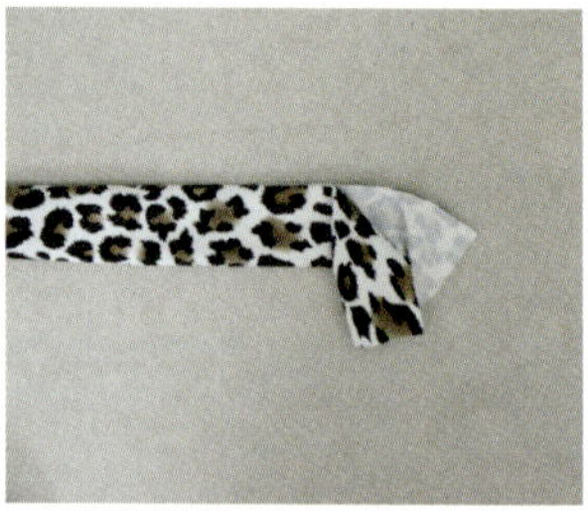

3 원단을 40㎝ 길이로 자른 다음 가로로 2번 접어서 양면테이프로 고정한다.

4 ③의 원단 양 끝에 벨크로를 붙인다.

5 남은 11㎝ 원단은 양 끝을 3번 접어서 글루건으로 붙여 물결무늬를 만든다.

6 ②의 리본과 긴 리본을 마주대고 ⑤의 물결무늬 리본으로 감싸서 글루건으로 고정한다.

보타이 끈을 만들 때 원단의 양 끝을 1㎝ 정도 살짝 안으로 접어 넣은 뒤 그 자리에 벨크로를 붙이면 깔끔하게 마무리할 수 있다.

트위스트 베어

MATERIAL

베이지 트위스트 가죽 줄 62㎝
옐로 곰돌이 장식 1개
핑크 리본 장식 1개
사각 비즈 팁 2개
O링 2개
클래습 1쌍
e6000
평 집게
가위

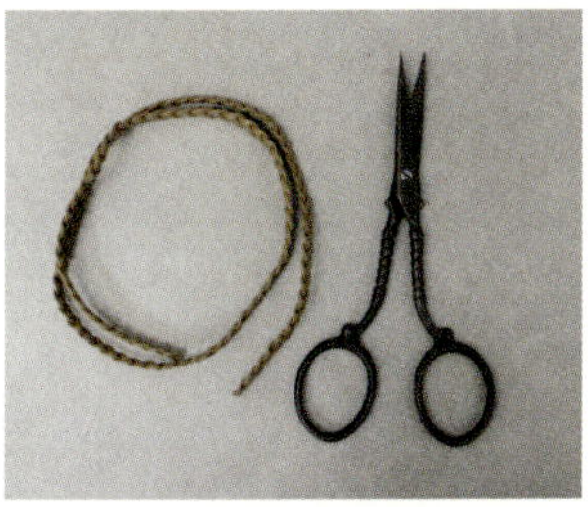

1 베이지 줄은 아이 목둘레보다 길게 내려오도록 적당한 사이즈로 자른다.

2 줄의 끝에 사각 비즈팁을 끼운 뒤 평 집게로 닫는다.

3 비즈 팁에 집게를 이용해 O링을 연결하고 클래습을 단다.

4 줄의 중앙 하단에 e6000으로 곰돌이를 달고 몸통에 리본을 붙인다.

가죽 줄에 사각 클래습을 달 때 미리 접착제를 살짝 바른 뒤 클래습을 닫으면 쉽게 떨어지지 않는다.

7 젠틀맨 보타이

아이를 단정하게 만들어 주는 보타이.
고급스러운 자카드 원단 리본을 사용해서 더욱 의젓해 보인답니다.
핑크와 네이비를 믹스해 지루하지 않게 만들어 주세요.
아빠와 함께 커플로 해도 좋아요.

MATERIAL

핑크 자카드 원단 리본
폭 3㎝ 길이 30㎝
네이비 자카드 원단 리본
폭 4㎝ 길이 40㎝
레이스 고무줄
폭 1.2㎝ 길이 70㎝
골드 메탈 강아지 **2개**
훅 타입 연결고리 **2개**
양면테이프 · 철사 ·
화이트 실 **약간씩**
가위
e6000
글루건

1 핑크 원단은 19㎝, 네이비 원단은 22㎝ 길이로 잘라서 기본형 리본을 만든다.(p.20 만드는 법 참고) 남은 리본은 길게 3등분으로 접어서 양면테이프를 붙인다.

2 리본 중앙에 서로 다른 색의 리본을 감아서 글루건으로 붙이고, e6000으로 강아지 장식을 리본 하단에 붙인다.

3 리본 중앙에 서로 다른 색의 리본을 감아서 글루건으로 붙이고, e6000으로 강아지 장식을 리본 하단에 붙인다.

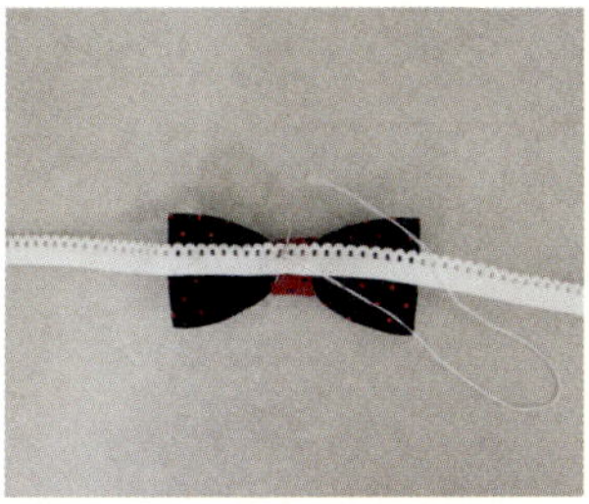

4 리본의 뒷면 중앙에 고무줄을 대고 바느질해 고정한다.

보타이 끈으로 고무줄을 사용하면 신축성이 있어서 편리하게 착용할 수 있고 셔츠에도 잘 밀착이 되어서 더 예쁘다.

8 즐거운 카우보이

135
145
155
165
175
136
166
176
137
167
177
128
138
168
178
129
139
169
179
130
140
170
180

도트 패턴의 원단과 별 장식 등으로 포인트를 주었더니 카우보이 스타일의 넥 워머가 완성되었어요. 도톰한 코튼 융과 다이마루, 2가지 원단을 사용해서 추운 날 넥 워머만 살짝 두르면 감기 걸릴 걱정이 없답니다.

SPECIAL ACCESSORY

MATERIAL

도트 패턴 코튼 융·오트밀
골지 다이마루 **사방 50㎝씩**
레드 스팽글 리본
폭 1㎝ 길이 50㎝
골드 별 장식 **1개**
벨크로 **1쌍**
오렌지 실 **적당량**
시침핀
바늘
가위
글루건

1 도트와 골지 원단을 겹쳐서 지름 50㎝ 길이의 역삼각형 모양으로 그린 뒤 도안대로 자른다.

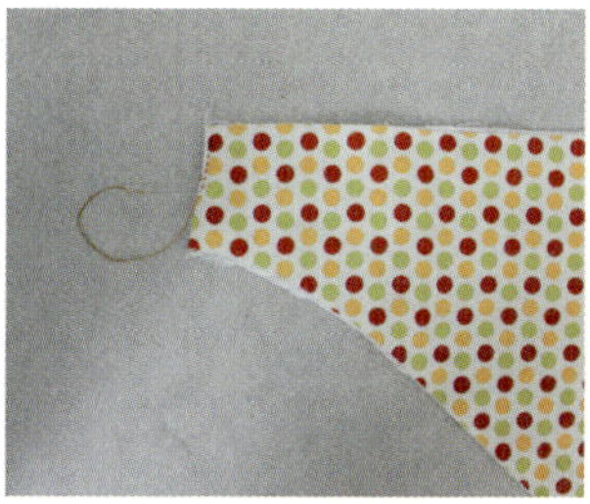

2 시접 부분을 0.5㎝ 정도 안쪽으로 접어 넣고 전체적으로 박음질한다.

3 스팽글 리본을 상단으로부터 3㎝ 정도 내려온 지점에 박음질하고 중앙에 별을 글루건으로 단다.

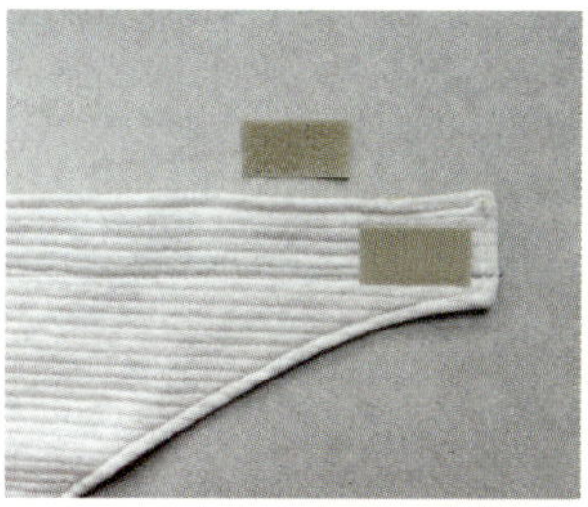

4 뒷면 끝에 벨크로를 1개 달고 다시 앞면에 벨크로를 달아 서로 맞물리게 한다.

아이의 입에 닿을 수 있으므로 면 100% 소재나 오가닉 소재를 안감으로 사용하는 것이 좋다. 벨크로를 달아서 아이가 혼자서도 쉽게 착용할 수 있다. 접착제 처리가 되어 있는 벨크로를 사용하면 편리하지만 박음질하면 튼튼하게 오래 사용할 수 있다.

9 블루 넥타이

딱딱한 넥타이 대신 유니크한 스타일의 모직 넥타이는 어떨까요.
티셔츠나 셔츠 어디에나 잘 어울리는 스타일로,
시원한 컬러가 아이를 더욱 돋보이게 합니다.

MATERIAL

블루 모직 원단 리본 **폭 5㎝**
길이 32㎝
레드 사람 모양 원석 **1개**
핀 대 **1개**
블루 실 **약간**
바늘
가위

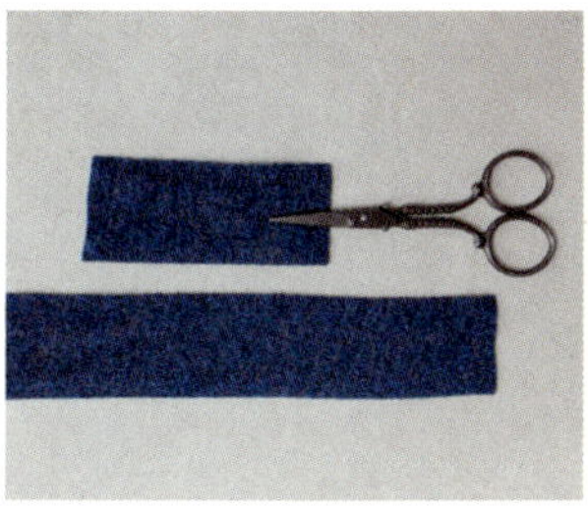

1 블루 리본은 20㎝와 12㎝로 이등분한다.

2 짧은 리본을 긴 리본의 윗면에 가로로 감싼 뒤 이음선을 글루건으로 붙인다.

3 긴 리본의 하단을 삼각형 모양으로 가위로 자르고 레드 원석을 글루건으로 붙인다.

4 리본 뒷면의 상단 부분에 핀 대를 바느질해 고정한다.

긴 리본의 상단 양쪽을 살짝 접어서 글루건으로 붙이면 자연스럽게 주름이 져서 넥타이를 묶은 모양과 비슷하게 만들 수 있다.

10

블랙 크라운

남자아이들도 목걸이가 잘 어울려요.
남자아이 목걸이를 만들 때는 장식이 큰 것을 이용해서 스포티한 느낌을 전해 주세요.
블랙 왕관 모양의 펜던트에 비즈를 달면 고급스러워서
어디에서나 주목받을 수 있을 거예요.

MATERIAL

블랙 구슬 **52개**
블랙 아크릴 왕관 **1개**
2cm 크리스털 비즈 **1개**
0.5cm 크리스털 비즈 **4개**
비즈볼팁 **2개**
고정볼 **2개**
클래습 **1쌍**
블랙 실 **적당량**

집게
니퍼
가위
글루건

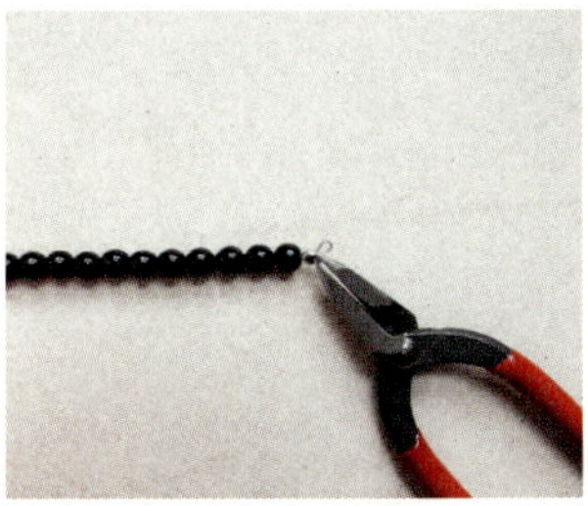

1 실에 구슬을 끼운 다음 볼팁과 고정볼을 차례로 끼우고 매듭지은 뒤 볼팁을 닫는다.

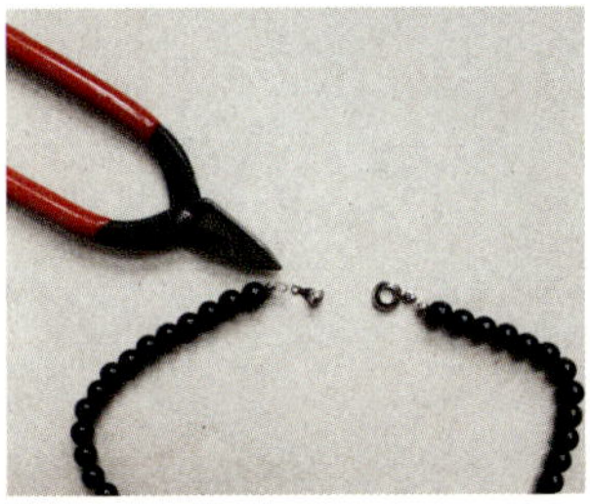

2 양쪽 모두 볼팁을 닫은 뒤 클래습을 집게로 연결한다.

3 글루건으로 목걸이 중앙 하단에 아크릴 왕관을 붙인다.

4 왕관의 상단 구멍 위에 크리스털 비즈를 글루건으로 부착한다.

구슬의 굵기가 굵을수록 길게 늘어지는 스타일보다는 짧은 스타일이 경쾌해 보이고 가벼워서 착용하기 편하다. 글루건 대신 e6000과 같은 접착제를 사용해도 좋으며, 굳는 시간이 오래 걸리므로 붙인 뒤 하룻밤은 만지지 말고 그대로 둔다.

11

블루 프린스

바닷가에서, 공원에서, 그리고 행사장에서…
빈티지 블루 단추로 포인트를 준 왕관을 쓴 아이가 마치 왕자님 같아요!
너무 크고 화려한 왕관은 특별한 날 하루만 착용할 수 있지만 레이스와 단추로 장식한 왕관은 일상에서도 조금 특별한 느낌을 주고 싶을 때도 사용할 수 있답니다.

MATERIAL

0.2㎝ 그레이 펠트
폭 2.5㎝ 길이 25㎝
화이트 고무 밴드
폭 2.5㎝ 길이 25㎝
아이보리 레이스 **25㎝**
블루 톤 단추 **5개**
화이트 실 **약간**
바늘
가위

1 그레이 펠트는 아이 머리 사이즈의 반 정도 길이로 자른다

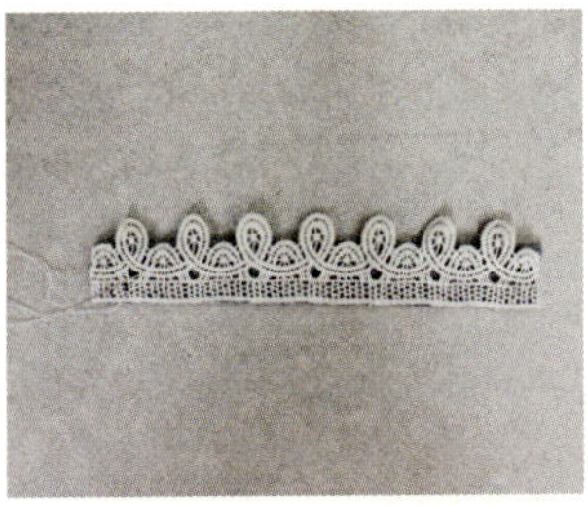

2 펠트 위에 레이스를 올리고 중간 중간 눈에 띄지 않게 바느질로 1땀 고정한다.

3 고무 밴드도 펠트와 같은 길이로 자른 뒤 펠트 안쪽으로 살짝 겹치게 하여 박음질한다.

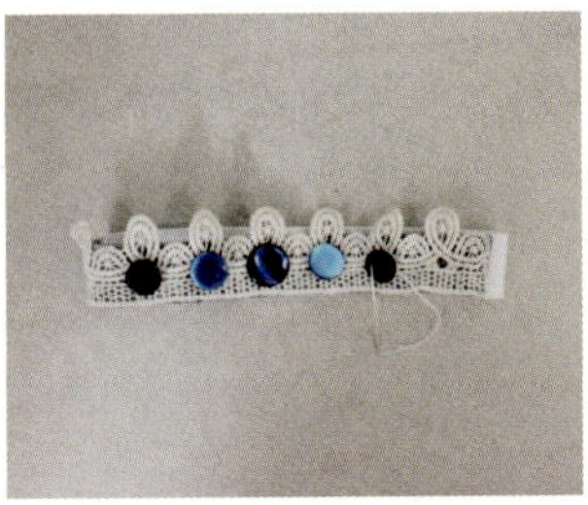

4 컬러와 크기가 조금씩 다른 블루 톤 단추를 레이스 중앙에 하나씩 단다.

단추는 큰 것을 가운데 먼저 달고 1㎝ 정도 간격을 띄운 뒤 양 옆을 같은 크기로 2개씩 달아나가는 것이 편리하다. 펄이나 광택이 있는 단추를 사용하면 더욱 눈에 띄는 스타일로 완성할 수 있다.

bonus. information

액세서리 부자재 쇼핑

조금 더 독특하고 저렴한 재료를 찾고 있다면 시장을 한번 들러 보세요. 초보의 경우 시장 쇼핑이 힘들어서 하루 종일 구경해도 어디서 어떻게 사야할지 잘 모르는 경우가 많죠. 헤매지 않고 바로 원하는 것을 구입할 수 있는 곳을 추천합니다. 아이 액세서리를 만들 때 꼭 들러봐야 할 동대문과 남대문 시장의 쇼핑 스팟 베스트 10.

1 K리본

다양한 리본을 판매하는 곳. 일반 리본은 물론이고 넓은 폭의 망사, 샤, 레이스 리본을 구입할 수 있다. 공단과 면 공단과 같은 고급스러운 리본과 기본 골지 리본 등을 다양하게 구비하고 있어 색다른 스타일의 리본 쇼핑에 좋다.

where 동대문 종합시장 A동 5075호 **tel** 02-2279-8504

2 하비마켓

원석, 비즈, 도구 등 각종 공예 재료를 구입할 수 있다. 비즈를 모아둘 수 있는 케이스도 사이즈별로 구비하고 있다. 특히 아크릴, 클레이, 원석 등의 종류가 수없이 많으며 저렴한 가격으로 쇼핑이 가능하며 인터넷 쇼핑도 가능한 쇼핑몰도 함께 운영하고 있다.

where 동대문 종합시장 A동 5065-66호 **tel** 02-2266-5634 **url** www.biznbiz.co.kr

3 석류원

다양한 조화를 만날 수 있는 곳. 고급스러운 꽃부터 2~3천 원대의 저렴한 꽃까지 다양하게 취급하고 있다. 꽃의 종류와 믹스매치에 대한 조언도 들을 수 있어서 꽃에 대해 잘 알지 못하는 초보도 만족스러운 쇼핑을 할 수 있다.

where 남대문시장 대도상가 E동 3층 **tel** 02-752-4975

4 서울비드

각종 구슬과 비즈류를 만날 수 있는 곳. 도, 소매 모두 가능한 곳으로 공장과 4개의 숍이 있으며 인터넷 홈페이지도 운영한다. 유리구슬, 스팽글, 아크릴, 스톤, 나무 등 각종 비즈를 모두 취급하고 있다.

where 동대문 종합시장 A동 5100호 **tel** 02-2278-8800 **url** www.seoulbeads.com

5 나래메탈

액세서리 부자재 구입처. 고리, 구두클립, 와펜 장식, 참 장식과 같은 부재료를 쇼핑할 수 있다. 도매 뿐 아니라 소매 고객에게도 친절한 편. 평소에 찾기 힘든 연결고리나 메탈 장식을 이곳에서 간편하게 쇼핑할 수 있다.

where 동대문 종합시장 A동 5192-3호 **tel** 02-2278-1411

6 티지

핀대, 귀고리 침, 헤어밴드, 브로치 핀대, 와이어 등 작은 액세서리를 만드는 데 필요한 부자재는 물론 가위, 공구, 접착제 등 필수 재료도 이곳에서 한꺼번에 구매할 수 있다.

where 동대문 종합시장 A동 5180-1호 **tel** 02-2273-2412

7 레드 필통

아이들을 위한 액세서리를 만들 때 꼭 필요한 장식을 구매할 수 있는 곳. 왕관, 아이스바, 과일, 동물과 같은 아이들이 좋아하는 다양한 모양의 장식 재료는 물론 폼폼, 플라스틱 등 키즈 액세서리를 만드는 데 적합한 소재의 재료를 판매하고 있다. 가격이 저렴한 것도 장점.

where 동대문 종합시장 A동 5171호 **tel** 02-2265-3544

8 태양

펠트, 인형 공예를 하는 데 적합한 DIY 재료를 판매하는 곳. 각종 펠트와 원단, 인형을 만드는 데 필요한 도구와 솜, 단추, 조각천 등을 구비하고 있으며 관련 도구도 구입할 수 있다. 모자, 바이어스, 타월천 등 독특한 소재나 아이템이 필요할 때 들러볼 만하다.

where 동대문 종합시장 A동 5048호 **tel** 02-2275-7275

9 보물섬

아이들 전문 액세서리 부재료를 취급하는 곳이다. 고무줄, 구슬, 플라스틱 장식까지 아이들의 액세서리를 만들려면 한 번쯤 들러볼 만하다. 플라스틱 장식의 경우 2백 원을 추가하면 구멍을 뚫어 준다.

where 동대문 종합시장 B동 5050-1호 **tel** 02-2267-6861

10 가치리본

고급스러운 원단 리본과 골지 리본을 구입할 수 있는 곳. 핀 대, 고무줄 등 관련 부자재도 함께 판매한다. 도매 뿐 아니라 소매로도 구입할 수 있으며 다양한 리본 샘플의 구매도 바로 가능하다. 원하는 디자인의 리본 제품을 골라 주문할 수 있다.

where 동대문 종합시장 5층 B동 5028호 **tel** 02-2273-8473

KIDS ACCESSORY 74

엄마가 처음 만든 아이 액세서리

초판 1쇄 펴낸날 | 2012년 5월 3일

지은이 | 김옥현

펴낸이 | 문영애

사진 | 양우성(baobab)
디자인 | 정해진(onmypaper)
모델 | 박찬영, 방효은, 하나 랄리프

출력 | 달리는 거북이
인쇄 | (주)영창인쇄

펴낸 곳 | 수작걸다
주소 | 423-789 경기 광명시 소하동 1289 301-901
전화/팩스 | 02-2066-7044
전자우편 | suzakbook@naver.com
블로그 | http://blog.naver.com/suzakbook

값 14,300원
ISBN 978-89-965084-7-2 13590

수작걸다는 '말과 말을 걸다'라는 뜻의 출판 브랜드입니다.